读汪记

段春娟 著

中国书籍出版社

图书在版编目（CIP）数据

读汪记/段春娟著．－－北京：中国书籍出版社，2020.4

ISBN 978-7-5068-7756-5

Ⅰ．①读… Ⅱ．①段… Ⅲ．①汪曾祺（1920-1997）—纪念文集 Ⅳ．① K825.6-53

中国版本图书馆 CIP 数据核字 (2019) 第 291606 号

读汪记

段春娟　著

图书策划	成晓春　崔付建
责任编辑	尹　浩
责任印制	孙马飞　马　芝
出版发行	中国书籍出版社
地　　址	北京市丰台区三路居路 97 号（邮编：100073）
电　　话	（010）52257143（总编室）（010）52257140（发行部）
电子邮箱	eo@chinabp.com.cn
经　　销	全国新华书店
印　　刷	三河市华东印刷有限公司
开　　本	650 毫米 ×940 毫米　1/16
字　　数	150 千字
印　　张	12
版　　次	2021 年 1 月第 1 版　　2021 年 1 月第 1 次印刷
书　　号	ISBN 978-7-5068-7756-5
定　　价	38.00 元

版权所有　翻印必究

纯粹和本真的书写

徐 强

从事汪曾祺研究的人，或者近十余年间关注汪曾祺的读者，大都知道段春娟老师的大名，因为山东画报出版社出版的一系列汪曾祺主题图书。段老师曾供职于这家在读图时代一度声誉鹊起的出版社，这套书正是她所策划出版的，其中，有文图并茂的《文与画》，有饮食题材散文选《五味》，有戏曲主题文选《说戏》，有友朋主题文选《谈师友》，有花草主题文选《人间草木》。另外，她还经手出版了汇集汪曾祺纪念文章的《你好，汪曾祺》。这几本书看似朴素，但编选富有特色，特别是《文与画》和《你好，汪曾祺》，前者差不多是首次汇集并公开刊印汪曾祺的大量书画作品，与选文相映成趣，展现一位作家终生"游于艺"、笔墨情趣与文学经营交融互渗的创造奥秘，后者则是汪曾祺纪念文章的结集，为近年来的汪曾祺研究者提供了文献便利，我本人就从中获益不少。这些图书在汪先生逝世之后七八年间陆续面世，当时汪曾祺著作的出版还远没有现在这样高的热度，可以说，这个系列为推广汪曾祺、推动汪曾祺热潮的到来，起到了推波助澜的作用。这套书均为段老师亲手编成。因为缘起心动，往往在成书前后结撰编读记，对相关专题做翔实评述并揭橥文章背后的人格亮点，既是有感而作、自我发抒，也为读者提供可靠的阅读地图。

如果说上述几篇编读记侧重于导读，那么有些篇什就有更为明显的深度研究特征了。我指的是《汪曾祺的编剧生涯》、《汪曾祺在西南联大》、《汪曾祺的几方闲章》（简称《闲章》）、《汪曾祺的书单》（简称《书单》）、《彩云散兮——汪曾祺与杨毓珉》、《他的小说混合着美丽与悲凉——汪曾祺笔下的鲁迅》、《文中有画意》诸篇。在我看来，这些篇章同样具有为汪曾祺这个文坛多面手修"志"的性质。作者善于抓住富有串联性的话题，用一条线索拎出众多故实，将问题作清晰的史的勾勒，而又能时时处处以"同情的理解"的态度分析处境、揣度衷怀。就中以《闲章》《书单》为最堪称道，它们拈出小巧而别致的话题，发人所未发。几年前，我编制汪氏艺事编年档案，深感小小印章有时能发挥重要的考据作用，期间曾请汪先生的女儿汪朝老师为我钤过一本汪曾祺先生用印谱，大约三十多枚，见到的朋友无不乐于赏玩一番。及至段老师的《闲章》篇见诸报端后，不禁一则以惊喜，一则以钦佩惭愧，钦佩段老师何其用心，惭愧自己赏玩汪氏用印不谓不多，却没想到写这么一篇早就该有的文章。《书单》一篇细心梳理汪先生的阅读史，揭示其作为艺术家成长个案所深蕴着的启示意义。《他的小说混合着美丽与悲凉》，把汪曾祺与鲁迅两位隔代作家置于一个艺术谱系中加以观照，用的是类似比较文学中的"影响比较"的思路，实际也可以看作《书单》一篇的延伸与实证。《彩云散兮》钩沉汪曾祺与至交好友杨毓珉的交谊史，可以说将相关史料一网打尽，为研究汪曾祺的交游树立了一个模范。《文中有画意》也是一篇力作。文章广搜汪氏夫子自道之言并证之以文画作品，深入阐析两种艺术形式融通互渗的机制，其中熔铸了作者长期耽赏、揣摩、统观、抽绎之独到体悟。2019年汪曾祺冥诞前后经《光明日报》整版刊出后，据我所知反响极佳。《那些久久不散的美——读汪曾祺〈昆明的雨〉》是单篇作品赏析，作者调动全部感官直觉贴近对象，而出之以抒情意味十足的评叙话语，印证了好的文本赏析须能入之方能出之这一朴素诀窍。

上述诸篇合观，恰是作家"志"体评传之情趣篇、阅读篇、师承篇、交游篇、风格篇，多侧面展示汪曾祺的人生与艺术，聚力于剖析其人格结构，处处流露着作者对自己所仰慕的作家心摹手追并着意将其树立为高标的良苦用心。

本书中还收有《汪迷苏北》等数篇有关汪研界人物与著述的印象记和书评，所写到的苏北先生及其著作都为读者所熟知，反映了作者的研读善于从前贤、同侪中吸收营养，唯其如此，乃有学问和友谊上的双重丰获。我没法回避谈论其中涉及我本人的那篇《我在其中读出执着和意味——徐强〈人间送小温——汪曾祺年谱〉读后记》，原因是，虽然文中颇多溢美之词我决然不敢领受，但一来，段老师是我在研读汪曾祺期间所结识的往来较多的师友之一，交往中，我切身体会到段老师待人诚恳体贴的一面；二来，她热情提及的那本拙著如果说有几分可取，实与段老师有很大关系，修订过程中她作为出版方的特邀编辑，数遍细读细校为该书补阙堵罅、润色添彩处难以细数，这就恰是我该深致谢意的。

　　我还想向读者诸君介绍我所知道的、本书之外的段老师。她实在是一个富有生活趣味、有写作热情而无功利之心的作者，也就是一个真正意义上的写作者。她的关注点远不能为本书所涉范围框定。她爱孩童，在自己的女儿成长过程中留下了大量育儿笔记，相信对于幸运的孩子来说，这是一笔巨大的财富。她爱花草树木，春秋佳日喜欢在校园、公园、市井中流连草木，并写下观察笔记。她能叫得出很多花卉名称，我编制汪氏书画档案时经常会为画中的植物求教于她，鲜有叫我失望的时候。她眷恋故土家人，写了很多亲情乡恋题材的作品。她热爱传统及节令物候，于2018年坚持写作了二十四篇节气随笔。这些作品除少数在报刊发表外，多数都在朋友或自己的公众号面世。她的公众号名字叫"白云一片"，明眼人一看即知来自汪曾祺。她的爱自然，也与汪有关系，正如本书一篇文章的题目所交代的，"汪曾祺教我识草木"。如此说来，她的那些书写也并非全与本书无关了，这正是我所谓的一个真正的写作者的意义所在：她的生命寄托，她的生活方式，她的写作动力，和她所崇仰的对象一样，只遵从于纯粹本真的趣味。

　　段春娟老师对我来说是良师益友。本书绝大多数篇章我都曾拜读，这次结为一集付梓，我自然乐见其成。承邀为序，我却深觉无此资格。写下上面这些浅显的话，只能算作一个小引。期待段老师其他的作品能够早日结集面世。

2020 年 2 月 28 日　长春六弦斋

目 录
CONTENTS

纯粹和本真的书写　　　　　　　　　　　// 001

活着真好
——《五味——汪曾祺谈吃散文32篇》
编读记　　　　　　　　　　　　　　　// 001
再也不会有汪曾祺这样的人了
——《文与画》编读记　　　　　　　　// 006
汪曾祺的草木情怀　　　　　　　　　　　// 010
《说戏》编后记　　　　　　　　　　　　// 014
汪曾祺的编剧生涯　　　　　　　　　　　// 019
《你好，汪曾祺》编后记　　　　　　　　// 026
汪迷苏北的幸福告白　　　　　　　　　　// 030
他是教人幸福呀
——读汪曾祺　　　　　　　　　　　　// 035
汪曾祺在西南联大　　　　　　　　　　　// 038
汪曾祺的几方闲章　　　　　　　　　　　// 052

珍贵而有趣的签名本　　　　　　　　　// 059
汪曾祺教我识草木　　　　　　　　　　// 064
汪迷苏北　　　　　　　　　　　　　　// 073
汪曾祺的书单　　　　　　　　　　　　// 079
彩云散兮
　　——汪曾祺与杨毓珉　　　　　　　// 089
他的小说混合着美丽与悲凉
　　——汪曾祺笔下的鲁迅　　　　　　// 102
文中有画意　　　　　　　　　　　　　// 112
那些久久不散的美
　　——读汪曾祺《昆明的雨》　　　　// 126
我在其中读出执着和意味
　　——徐强《人间送小温——汪曾祺年谱》
　　读后记　　　　　　　　　　　　　// 133
《蒲桥集》为何"卖得冲"　　　　　　// 142
汪曾祺出书　　　　　　　　　　　　　// 147
谢谢你，汪曾祺先生　　　　　　　　　// 158
长留小温在人间
　　——写在汪曾祺百年诞辰之际　　　// 165

后　记　　　　　　　　　　　　　　　// 173

活着真好
——《五味——汪曾祺谈吃散文32篇》^①编读记

在汪曾祺看来,买菜就好比创作和构思;做饭就是改换一下身体的姿势,权当锻炼;做出好吃的菜来,一家人都受用不尽,也是一桩乐事。说他是美食家,其实他并不在乎吃,而是以做美食为乐事,并且津津乐道。与梁实秋的注重舌尖感受和浓郁的故园情结不同,与知堂老人从学问中得来的那份气定神闲也不同,汪曾祺的谈吃更平易,接近于常人。他愿意做饭给家人吃,也愿意将朋友请至家中小酌,他亲自下厨,所做也无非是拌菠菜、干丝、萝卜等宜操作的家常菜,人间烟火味十足。光有这些,怎么看都是一个乐呵呵的擅做饭的可爱的老头,然而又不止于此,那一篇

---

① 汪曾祺《五味》,山东画报出版社2005年版。

《五味》初版封面

篇看似平淡、实则意味悠长的文章，才是他的真功夫，透露出的是别样的人生境界。

他在《故乡的食物》里面这样写"端午的鸭蛋"：

> 端午节，我们那里的孩子兴挂"鸭蛋络子"。头一天，就由姑姑或姐姐用彩色丝线打好了络子。端午一早，鸭蛋煮熟了，由孩子自己去挑一个。鸭蛋有什么可挑的呢？有！一要挑淡青壳的。鸭蛋壳有白的和淡青的两种。二要挑形状好看的。别说鸭蛋都是一样的，细看却不同。有的样子蠢，有的秀气。挑好了，装在络子里，挂在大襟的纽扣上。这有什么好看呢？然而它是孩子心爱的饰物。鸭蛋络子挂了多半天，什么时候孩子一高兴，就把络子里的鸭蛋掏出来，吃了。端午的鸭蛋，新腌不久，只有一点淡淡的咸味，白嘴吃也可以。

孩子吃鸭蛋是很小心的。除了敲去空头，不把蛋壳碰破。蛋黄蛋白吃光了，用清水把鸭蛋壳里面洗净，晚上捉了萤火虫来，装在蛋壳里，空头的地方糊一层薄罗。萤火虫在鸭蛋里一闪一闪地亮，好看极了！
　　小时读囊萤映雪故事，觉得东晋的车胤用练囊盛了几十只萤火虫，照了读书，还不如用鸭蛋壳来装萤火虫。不过用萤火虫照亮来读书，而且一夜读到天亮，这能行么？车胤读的是手写的卷子，字大，若是读现在的新五号字，大概是不行的。

不知诸位感觉如何，我则认为是神来之笔，没有对生活的热情和心灵的超脱，一身俗念是写不出这般灵动和有情趣的文字来的。每每读至此，我都会从心底生出一股莫名的感动，感动于这份"万物静观皆自得"的纯粹的审美情怀。

还有描述马齿苋：

　　马齿苋开花，花瓣如一小囊。我们有时捉了一个哑巴知了——知了是应该会叫的，捉住一个哑巴，多么扫兴！于是就摘了两个马齿苋的花瓣套住它的眼睛——马齿苋花瓣套知了眼睛正合适，一撒手，这知了就拼命往高处飞，一直飞到看不见！

这样细腻的描述是最见文心的。文学的动人之处是不是就表现在这些对细节的刻画上？唯有心灵不被蒙蔽，才会独具慧眼，发现天机。我常想，汪曾祺是不是就这样？谈吃的文章，写成这样，绝了。他独具匠心，所以别有洞天。

谈吃时还穿插着文人间的逸事。比如在提到"咸菜茨菰汤"时，说春节到沈从文家拜年，被留下吃饭，师母张兆和炒了一盘茨菰肉片。沈从文吃了两片茨菰说："这个好，格比土豆高。"又说，吃菜讲究"格"的高低，这正是沈先生的语言。他是对什么都要讲究格的，包括对于茨菰和土豆。这样的细节描绘是极富韵味和个性的。还写到有一次文人聚餐，规定每人自备料去表演一个菜。王世襄来了，提了一捆葱。他做了一个菜：焖葱。结果把所有的菜都压下去了。汪曾祺还说，此事不知是否可靠，如不可靠，当由黄永玉负责——因此事是听黄永玉说的。这样的逸事，很有兴味，幽默感十足。因了这些文人逸事，实实在在的"吃"仿佛一下子变得流光溢彩，灿然华然，文字也仿佛随着升腾起来。

其实这些文章不光是谈吃，还有对逝去光阴的缅怀，也寄含着对故乡的回忆，像《五味》中既包括对口腹之五味的介绍，也寓人应趣味广些、不偏嗜之意，也有对食物沿革、相关的民俗风情的描述。如果说这些还不脱一般文人谈吃的路数，那么另有一点是汪曾祺所独具的，那就是字里行间所渗透的达观、乐生。买买菜，做做饭，请请客，吃一次平日难得的好菜，都是生活的赐予，都该珍惜。平平淡淡的日子，在他看来，是那么有滋有味、有情有趣，值得人好好过。他是那样从容淡定、感恩、惜福、自我愉悦，这样的一种大智慧、大境界，若非有相当的修养、厚重的人生底蕴，则无以为之。联想到当下，人们忙于奔波，恨不能连一日三餐也免了，寝不安、食不香，生活中只剩下匆匆赶路，实在有些无趣。

"慢慢走,欣赏啊!"汪曾祺的文章,其实也向我们阐释了这句话的内涵。读他的文章,就给我这样的感觉:活着真好!

赶快整理一下心情,买些菜,做顿好吃的,与家人朋友一同享用吧。

再也不会有汪曾祺这样的人了
——《文与画》① 编读记

因编汪曾祺的书，得以知道读其文、喜欢其人的人甚多。曾有一个刚毕业的同事对我说，她曾梦见过汪曾祺——她硕士毕业论文写的就是汪曾祺——可见用情之深。然而知道汪曾祺擅画、看过他的画的人，却只在与他有交往的一个小圈子内。据说，汪曾祺生前就有个愿望：将他的书法、绘画作品整理出版。后来听汪先生女儿汪朝老师说，汪先生去世后，子女曾用其稿费印过一本大 16 开画册，很精美，除小部分赠给汪老生前友人，大部分捐给了汪老的故乡——江苏高邮。这本画册后来汪朝老师也送我一本。

汪曾祺自己说，他是很愿意画的，从小学到初中，都"以画

---

① 汪曾祺《文与画》，山东画报出版社 2005 年版。

名",在初二的时候,他画了一幅墨荷,裱出后挂在成绩展览室里,这是他的画第一次上裱。去农村劳动时期,因其擅画,曾被分配去画《中国马铃薯图谱》——只可惜此图谱已佚失,要不也得在植物画史上留下一笔。他还擅书,当年京剧院演出,好多字幕都是他用小楷写出,受到前去看戏的人的称赞。后来因种种原因,他搁下画笔,直到20世纪70年代末,才又"重操旧业"。先是给好友朱德熙画了幅墨菊,被很爱惜地镶在镜框里挂在墙上,被人看到了,都来跟他要,遂一发而不可收,"画名"再度远扬。他在出国时还画过很多小幅画作,送给了国外友人。

汪曾祺的画,属于典型的文人画。他画花鸟,花均是平日常见的草花,鸟则被其女儿戏称为"长嘴大眼鸟"。然而一花一草,一枝一鸟,多少都有所寄托。用他自己的话说,所画都是"芳春",表达对生活的喜悦。他很欣赏宋人的诗"四时佳兴与人同",兴之所至,信手拈来,便有了这一幅幅的画作。比如他给一幅叶茂花盛的画题名为"雨足",还有"少年不识愁滋味""春城无处不飞花""吴带当风""孤雁头上戴霜来"等题名,这些题名结合画作来看,真是飘飘洒洒,生意满眼,意味深长,看似随意,实则都有含蕴、有意境。

除此之外,本书还选了汪曾祺专门谈书画及谈家事的文章,从中可以看出汪曾祺能画擅书也并非偶然,他是有相当功夫和造诣的。他出身于书香之家,祖父很注重对他的培养,在他十一二岁时,便亲自教他习《论语》,"日课大字一张,小字二十行"。祖父认为他的字有才分,还为此奖过他一块端砚,鼓励他多看《麻姑仙坛记》、虞世南的《夫子庙堂碑》、褚遂良的《圣教序》,

《文与画》初版封面

　　后来又专门为他请了个先生，教他读桐城派古文，带他习字，他自己还爱看汉碑……汪曾祺的父亲是个画家，画写意花卉。父亲画画时，他就站在旁边看，看他怎样布局……他还经常翻阅家中收藏的画册，到街上逛画店，他说自己喜欢徐青藤、陈白阳、李复堂……汪曾祺之所以成为汪曾祺，是有各种渊源的。后来他上了高中、大学，功课紧，便不再画画，工作之后，更是久废画笔，即便如此，事隔多年之后，他再拿起笔，挥毫泼墨，风致不减。

　　汪曾祺说写字、画画，都是"业余爱好"，是"岔乎岔乎，找点事情消遣消遣"，他喜用陶弘景的话形容自己的书画："只可自怡乐，不堪持赠君。"他的文与画多是随情适性，率意而为。有一幅画是这样题的："电影学院一小院中种葫芦甚多，昨往开会，归来写此。"画面是满眼金黄色、充满生机的葫芦。他还说自己总是"随遇而安"，被分配到农村劳动时，像起猪圈、刨冻粪这样的重活，他都干过，后来分配他给果树喷药，因为干得认真、仔细，大部分喷药的活就落到他身上，他成为喷药的能手，以至白衬衫都被染成了浅蓝色。后来又因他擅画，被分配去画马铃薯图谱。先是画马铃薯的花，为此他天天踏着露水，到试验田里摘几丛花，插在玻璃杯里，对着花描画。他曾经写过一首长诗描述当时的生活，其中有两句："坐对一丛花，眸子炯如虎。"后来还要画整个马铃薯，画完了，马铃薯再无用处，他便随手埋进牛粪火里，烤烤，吃掉。他颇为得意地说，像他那样吃过那么多品种的马铃薯的，全国盖无第二人。这是怎样一种精神境界呢？身处逆境不以为苦，反能苦中找乐，达观随和，自足安适。

他爱生活，会生活，善从生活中找乐……他的"文与画"其实全是对生活的咂摸。他叙述家事，念及故乡，语气是那样平淡冲和，气定神闲，娓娓道来，却给人一种大气的感觉；他写字画画，自娱自乐，却一花一草总关情，飘逸耐看；他著文写作，目的是给"人间送小温"……曾有人感慨地说："我们这个时代，再也不会有像汪曾祺这样的人了。"诚哉斯言！

汪曾祺的草木情怀[①]

汪曾祺身上有浓浓的人间烟火味儿，提个菜篮上市场买菜乃一大乐事，还做得一手好菜，喜欢在家里请客，有"美食家"之誉。人世间的花草树木、四季蔬果、虫鱼鸟兽也颇入他眼目，并涉笔为文，遂成一篇篇滋味隽永的文章。他还往往把自己的作品集冠以草木之名，如《草花集》《晚饭花集》《蒲草集》《茱萸集》《菰蒲深处》等，自谦的同时，也颇富意境。如此喜欢草木，这在众多当代作家中恐不多见吧，足见他深深的草木情怀。

汪曾祺爱看谈草木虫鱼的书。他在多篇文章中谈到喜欢法布尔的《昆虫记》、吴其濬的《植物名实图考长编》、《花镜》等书。他从法布尔的书中得知知了是聋子，从吴其濬的书中知道古诗里

---

① 本文系《人间草木》一书编后记，略有改动。汪曾祺《人间草木》，山东画报出版社2006年版。

的葵就是湖南、四川人现在还吃的冬苋菜，着实高兴了一把。他还把后者写成散文《葵》——这是他"文革"之后首次动笔写文章，无处发表，自己写着玩，给好朋友朱德熙看，自己连底稿都没留。高邮人王西楼是明代散曲家，曾写过一部《野菜谱》，汪曾祺对其评价甚高，说他情感诚笃，有"人民性"，并为这位同乡身后的默默无闻鸣不平，大声疾呼对王西楼的评价应该"调高一些"。

在汪曾祺看来，散文不外乎游记、民俗、草木虫鱼等几大类，而上述三类文章在他的散文中也分别占有相当比重。草木虫鱼在他笔下，或考据渊源，或状写情致，无不摇曳生姿，意态悠然。他写兰花，"看看披拂的兰叶，清秀素雅的兰花箭子，闻嗅着兰花的香气，真不知身在何世"；写波斯菊，"微风吹拂，花叶动摇，如梦如烟"；看到校园花圃里一大片美人蕉开着鲜红的大花，他说"我感到一种特殊的，颜色强烈的寂寞"。写花哉，写人哉？虽写草木，却感觉此中有人，呼之欲出。他在怀念沈从文先生的《星斗其文，赤子其人》一文结尾处这样写道："沈先生家有一盆虎耳草，种在一个椭圆形的小小钧窑盆里。很多人不认识这种草。这就是《边城》里翠翠在梦里采摘的那种草，沈先生喜欢的草。"这一笔关于虎耳草的细节，极其"提味"，让人充满无边的伤感。

草木总是牵扯汪曾祺的情怀，每到一个地方，他都愿为那里的草木书上一笔。他去天山，写南山塔松；去皖南，写合肥菊；游云南，不忘记"滇南草木状"；登泰山，绣球花让其难忘；去菏泽，记牡丹；访福建，写漳州的三角梅、水仙花；去香港，他拿香港的大楼和北京的大树作比；对故乡的食物，他念念不忘的也是蒌蒿、荠菜、马齿苋……就是到美国，也拿草木说事，说尽

《人间草木》初版封面

管美国有菊花、荷花，却没有"懒梳妆""十丈珠簾""晓色""墨菊"，更没有"出淤泥而不染""暗香浮动月黄昏"，就不用说"岁寒三友""四君子"的比喻了，从中让人看出中西方在审美等文化观念上的差异。

草木虫鱼也常成为汪曾祺绘画的题材。他画葫芦、菊花、荷，都是街头、陌上寻常所见，自言皆为"草花"。在画葫芦时题写："电影学院一小院中种葫芦甚多，昨往开会，归来写此。"他画杨梅题："昆明杨梅色如炽炭，名火炭梅，味极甜浓。雨季常有苗族小女孩叫卖，声音娇柔。"画一朵迎风而立的无名小花则题"秋色无私到草花"。所画草花与所题文字交相辉映，满纸情意流动，这大概都是他所表达的对生活的喜爱吧。

邓云乡说有关草木虫鱼的学问分三大类：实用方面的，认识方面的，艺术情趣方面的。懂得看花的光芒色彩，听鸟声、虫声，思大树之年龄，感草色之芬芳都是着眼于艺术情趣。汪曾祺所画花鸟、所写草木，皆属于这一类。草木虫鱼在其笔下，无不情趣盎然，耐人品赏。

对什么东西入眼入心，是很能见一个人的精神气质的。对风景、对风俗节令、对饮食、对草木虫鱼感兴趣，对大自然、社会生活中表现出来的美不漠视，说明他对人生是有兴致的，是热爱生活的。汪曾祺喜欢宋人诗句"万物静观皆自得，四时佳兴与人同"，他说，人活着，就得有一点兴致。在我看来，这些兴致都化成笔墨精魂，飞舞在字里行间，让懂他的人心领神会。他有首自喻的小诗"写作颇勤快，人间送小温。或时有佳兴，伸纸画芳春"，对人生、对文学的态度都在其中了。

汪曾祺的文章就像是浮躁世界中的一服清凉剂，让人淡定从容，这也是他在今天被越来越多的人所喜欢的原因吧。

《说戏》① 编后记

汪曾祺以文名世，被誉为美文家。他的小说和散文别具一格，在中国当代文学史上熠熠生辉。有意思的是，他的"正式身份"不是专业作家，而是北京京剧团的职业编剧。有多年不见的老朋友对此不解，问他："你本来写小说的，而且有点'洋'的，怎么会写起京剧来呢？"他回答说"这并不矛盾"。

其实汪曾祺与戏曲的缘分由来已久。

他儿时就爱看戏，一听到锣鼓响便钻进去看一会儿。父亲拉二胡，他跟着唱，学会了《坐宫》《起解·玉堂春》《霸王别姬》等剧。他唱青衣，嗓子很好。读初中、高中一直到西南联大时期，他还经常操练，曾被同学戏谑为"猫叫"。大学二年级时他的兴趣一度转向唱昆曲。1950年至1955年在北京市文联做编辑时，他

---

① 汪曾祺《说戏》，山东画报出版社2008年版。

一直想写东西，但那时写东西必须"反映现实"，得"下去"才行，汪曾祺因要看稿、编稿，下不去，心中苦闷。1954年时值纪念世界名人吴敬梓逝世200周年，他接受领导王亚平的建议，从《儒林外史》中找了个题材，改写了一出京剧《范进中举》。此剧后来还获了个北京市戏曲会演的剧本一等奖。因此由头，后来他由河北张家口沙岭子调到北京京剧团做编剧，一干就是二十余年，一直到离休。

汪曾祺1961年底进入北京京剧团，编了《王昭君》《凌烟阁》《小翠》等剧。1963年下半年，汪曾祺等人奉命将沪剧《芦荡火种》改编为京剧，也就是后来的样板戏《沙家浜》。汪曾祺是《沙家浜》的主要改编者之一。当时他精力好，写的每个场次都能一字不差地背下来，唱词写得好也被公认。后又奉命改编创作《红岩》《雪花飘》《山城旭日》等戏。1970年参加声援柬埔寨人民的群众大会，上过天安门。文人有此"殊遇"，汪曾祺当为第一人。

汪曾祺在散文《两栖杂述》（1982年）中说自己是两栖类，写小说，也写戏曲，"双管齐下"。事实上，整个20世纪六七十年代汪曾祺所编剧本收在北京师范大学版《汪曾祺全集》中只有三部：《小翠》《雪花飘》《沙家浜》。（据汪曾祺的女儿汪朝女士讲，《王昭君》剧本在编《汪曾祺全集》之后才又找到，故书中未收，《凌烟阁》剧本则已散佚。）倒是八十年代以后，除了大量的小说、散文创作，他又编有剧本《宗泽交印》《擂鼓战金山》《一匹布》《裘盛戎》《一捧雪》《大劈棺》等。九十年代又创作喜剧小品《讲用》，改编电影剧本《炮火中的荷花》。这些剧本有的搬上舞台，有的根本没有演过。这便是汪曾祺作为编剧的全部成果。六七十

《说戏》初版封面

年代，汪曾祺正值四五十岁、精力旺盛之际，以其才情，应是创作的高峰期，然而事实上留下来的只有上述四个剧本和《羊舍一夕》《王全》《看水》三个短篇小说。

《受戒》（1980年）发表之后，朋友建议他调到文联当专职作家，领导也表示同意，他却拒绝，说跟剧团有感情，愿为京剧服务。他想和京剧"闹一阵别扭"，改变一下京剧面貌，提高一下京剧的文学水平，赋予其现代气息。这是他做了多年编剧，对京剧的反思，也是他作为老一代编剧的抱负。他认为，京剧存在着危机，有京剧自身的先天的原因，也有社会环境的因素。他想对京剧做一些改良。他也认为京剧是没有文化的文化，有一套唱念做打的固定体系，有其本身独具的形式美，这是其吸引人、传唱不衰的原因。事隔十余年，在《汪曾祺文集·自述》（1993年）中他又说："有人问我以后还写不写戏，不写了！"完全如释重负的口气！此时汪曾祺已是七十三岁的老人了。前后相较，似有些矛盾。编剧之于汪曾祺，是个颇有意味的话题，在其内心深处，也有几多无奈乎？人的遭遇，的确是不以人的意志为转移的。

对汪曾祺而言，写小说是副业，写剧本才是本职工作。二者的性质是截然不同的，然而他认为二十余年的编剧生涯对其文学创作是有影响的，主要表现在两个方面：一是先想好了再写。先打好腹稿，几乎能背出，再凝神定气、一气呵成，写戏如此，写小说亦如此。二是有人说他的小说有"音乐感"，他认为这与会唱几句京剧、昆曲，写过几个京剧剧本有关系。还有一个影响是隐形的，汪曾祺本人也不曾提及。20世纪六七十年代汪曾祺有相对稳定的时间，可以读书、编剧，可以下去体验生活。——为排《沙家浜》，去苏州、常熟；为排《红岩》，去重庆渣滓洞；为排《杜鹃山》，去安源煤矿；还去过内蒙古、西藏等地。这丰富了他的生活，为其积累了素材，对汪曾祺个人而言，应是不幸中的万幸。像后来写的《手把肉》，便是这期间四去内蒙古的体验。编剧——尤其是必须根据指示来改编，或许不符合他的性情，但也需要调动全身的艺术积蓄。他的剧本写得好，被公认为有才气，这不失为其文学才情的另一种发挥。

汪曾祺曾说，写字、画画、做饭是业余爱好，是写文章之外的"岔乎岔乎"。对于编剧和文学创作，哪个是"岔乎岔乎"呢？他自己说小时候没想过写戏，也没想过写小说，而是喜欢画画，最终却没有成为画家，而是写起了小说，做了多年的编剧。世间事就是这般难料和不可设计，也到底说不清编剧之于汪曾祺，有着怎样的作用，积极的抑或消极的？但可以肯定的是，没有二十余年编剧生涯，也就没有后来的汪曾祺。这个自称"两栖类"、被徐城北称为"一脚梨园一脚文坛"的老人，同他生活的时代一样，是个说不尽道不完的话题。

　　本书所选都是与戏曲有关的话题，是汪曾祺这么多年来与戏曲打交道的见闻与思考，透着理性与睿智。这些文章的写作时间均在八九十年代，有"样板戏"谈往、名优逸事、戏曲与文学的关系、习剧札记等。此时汪曾祺已进入创作的黄金时期，心情亦很放松，这些谈戏文章同他的记游、民俗类散文一样，无不开阖张弛，潇洒有致，很有看头。

（2006年6月于泉城济南）

汪曾祺的编剧生涯

汪曾祺以文名世,被誉为美文家。他的小说和散文别具一格,在中国当代文学史上熠熠生辉。有意思的是,他的"正式身份"不是专业作家,而是北京京剧团的职业编剧;他自己也说过"我的本行是搞戏剧嘛"之类的话。有多年不见的老朋友对此表示不解,问他:"你本来写小说的,而且有点'洋'的,怎么会写起京剧来呢?"他回答说"这并不矛盾"。

一

其实汪曾祺与戏曲的缘分由来已久。

他儿时就爱看戏,一听到锣鼓响便钻进去看一会儿。父亲拉二胡,他跟着唱,学会了《坐宫》《起解·玉堂春》《霸王别姬》等剧。他唱青衣,而且嗓子很好。读初中、高中一直到西南联大时期,他还经常操练,曾一度被同学戏谑为"猫叫"。大学二年级时

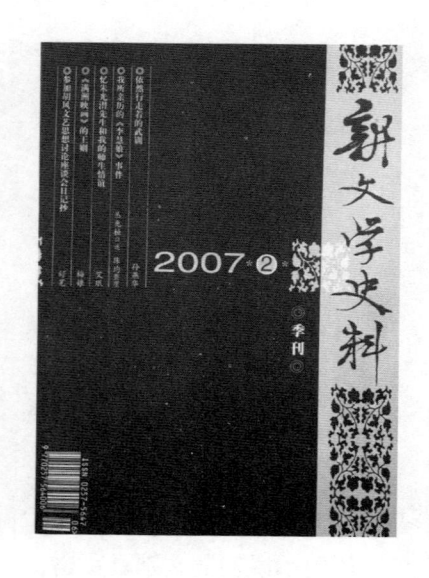

刊载此文的《新文学史料》杂志，
2007年第2期

他的兴趣曾转向唱昆曲，与同好一起结社唱曲是常有之事。至此戏曲对汪曾祺来说还是业余爱好，唱也好演也罢，都是兴之所至，可以后他与戏曲的关系就全然不是这样了。

20世纪50年代，汪曾祺先后在北京市文联和民间文艺研究会做刊物编辑。其时他已创作了一些作品，在圈内小有名气，他想写东西的愿望也很强烈。但那时写东西必须"反映现实"，得"下去"体验生活才行，汪曾祺因为要看稿、编稿，下不去，不能写东西，心中不免苦闷。1954年，时值纪念世界名人吴敬梓逝世200周年，领导王亚平建议他从《儒林外史》中找题材，改编个剧本。他接受建议，改写了一出京剧《范进中举》。因有小时候唱戏经验，加上他深厚的古文功底，此剧写得比较顺利，后来还获了个北京市戏曲会演的剧本一等奖。如果没有此剧本，没有后来的人生变故，很难说汪曾祺会往哪条路上走，在文联系统做下去当专业作家了也难说。可偏偏天有不测风云，1958年，他因补划"右派"，被分配到河北张家口沙岭子劳动。两年后，他得以上调北京京剧团做编剧，由头就是曾改编过京剧剧本《范进中举》。之后，他就在北京京剧团做专职编剧，一干就是二十多年，一直到离休，期间演绎了多少欲说还休的故事！

二

汪曾祺从1962年初进入北京京剧团后，编写了《王昭君》《凌烟阁》《小翠》三个传统京剧剧本。如果没有后来的改编现代京剧，没有"文革"，也许日子就会在他"老老实实写自己的剧本，写好了没人演，就接着再写"①的平淡中度过。然而事实并非如此。后来汪曾祺参与了几个现代京剧剧本的改编创作，他的命运也随之动荡起伏。1963年下半年，汪曾祺等人将沪剧《芦荡火种》改编为京剧，也就是后来的样板戏《沙家浜》。其时北京京剧团演出京剧现代戏。汪曾祺是《沙家浜》的主要改编者之一，他不仅负责统稿工作，几场重头戏、一些重要唱段也都出自他手。当时他精力好，写的每个场次都能一字不差地背下来，唱词写得好也被公认。他也因此成为"样板团"中的一员，吃样板饭，穿样板衣，很是风光。继《沙家浜》之后他还改编创作了《红岩》《雪花飘》《山城旭日》等戏。这段时间，日子过得还算宁静。

---

① 见《老头儿汪曾祺》，中国人民大学出版社2000年版，第100页。

1970年5月20日参加声援柬埔寨人民的群众大会时,汪曾祺应邀上过天安门。第二天的《人民日报》上列有一长串登上天安门城楼的人员名单,汪曾祺在其中,尽管比较靠后。在当时,文人有此"殊遇",实属难得。

八十年代以后,汪曾祺的文学创作进入高峰期,《受戒》《岁寒三友》《大淖记事》等小说相继问世,还"打草搂兔子",写了大量的散文,声名日隆。1993年,江苏文艺出版社出版了五卷本的《汪曾祺文集》(陆建华主编),其中,《戏曲剧本卷》收有《沙家浜》剧本,因只署了剧本改编者的名字,没有署上"根据沪剧《芦荡火种》改编"等字样,为汪曾祺惹来官司,说是其侵犯了原作者和上海沪剧院的权利。七十多岁、受人尊敬的老人,再遇上这种事情,的确是很不痛快,以至有一次他曾激动地说:"以后再出集子,把《沙家浜》剔出去!"这桩官司纷纷扬扬,一直闹到汪曾祺去世,才算不了了之。

汪曾祺以编剧上调北京京剧团,还曾因编剧上过天安门,盛名之后又因编剧惹上官司……编剧就这样改变着、左右着汪曾祺的命运、心境,不能不让人扼腕唏嘘。

三

汪曾祺在散文《两栖杂述》(1982年)中说自己是两栖类,写小说,也写戏曲,"双管齐下"。事实上,整个六七十年代汪曾祺所编写剧本收在《汪曾祺全集》[①]中的只有三部：《小翠》《雪花飘》《沙家浜》。（据汪曾祺的女儿汪朝女士讲，六十年代所编写的《王昭君》剧本在编《汪曾祺全集》之后才又找到，故《汪曾祺全集》中未收，《凌烟阁》剧本则已散佚。）倒是八十年代以后，除了大量的小说、散文创作，他又编写剧本《宗泽交印》《擂鼓战金山》《一匹布》《裘盛戎》《一捧雪》《大劈棺》等，九十年代又创作喜剧小品《讲用》，改编电影剧本《炮火中的荷花》。这些剧本有的已搬上舞台，有的根本没有演过。这便是汪曾祺作为编剧的全部成果。六七十年代，汪曾祺正值四五十岁、精力旺盛之际，以其才情，应是创作的高峰期，然而事实上留下来的只有上述四个剧本和《羊舍一夕》《王全》《看水》三个短篇小说。

　　小说《受戒》（1980年）发表之后，以其别样清新风格引起文坛轰动。朋友于是建议他调到文联当专职作家，领导也表示同意，汪曾祺却拒绝了，说跟剧团有感情，愿为京剧服务。他是想和京剧"闹一阵别扭"，对京剧做一些改良，改变一下京剧面貌，提高一下京剧的文学水平，赋予其现代气息。这是他做了多年编剧，对京剧的反思，也是他作为老一代编剧的职业抱负。他认为，京剧存在着危机，有京剧自身的先天的原因，也有社会环境的因素。他也认为京剧是没有文化的文化，有一套唱念做打的固定体系，有其本身独具的形式美，这是其吸引人、传唱不衰的原因。然而事隔十余年之后，在《文集自述》（1993年）中他又说："有人问我以后还写不写戏，不写了！"完全如释重负的口气！此时汪

---

① 北京师范大学出版社1998年版。

曾祺已是七十三岁的老人了。前后相较，态度似有些矛盾。编剧之于汪曾祺，是个颇有意味的话题，在其内心深处，也有几多无奈乎？人一生的遭遇，的确是不以人的意志为转移的。

　　那时对汪曾祺而言，写小说是副业，写剧本才是本职工作。二者的性质是截然不同的，然而他本人认为二十余年的编剧生涯对其文学创作是有影响的，主要表现在两个方面：一是先想好了再写。先打好腹稿，几乎能背出，再凝神定气、一气呵成，写戏如此，写小说亦如此。二是有人说他的小说有"音乐感"，他认为这与会唱几句京剧、昆曲，写过几个京剧剧本有关系。还有一个影响是隐形的，汪曾祺本人也不曾提及。六七十年代汪曾祺有相对稳定的时间，可以读书、编剧，可以下去体验生活。——为排《沙家浜》，去苏州、常熟；为排《红岩》，去重庆渣滓洞；为排《杜鹃山》，去安源煤矿；还去过内蒙古、西藏等地。这丰富了他的生活，为其积累了素材，对汪曾祺个人而言，应是不幸中的万幸。这个时期的一些体验经历都被写进后来的很多文章中，比如《手把肉》(1993年)，便是这期间四去内蒙古的体验。编剧——尤其是必须根据指示来改编，肯定不符合他的性情，但也需要调动全身的艺术积蓄才能做好。他的剧本写得好，被公认为有才气，这不失为其文学才情的另一种发挥。

　　汪曾祺曾说，写字、画画、做饭是业余爱好，是写文章之外的"岔乎岔乎"。对于编剧和文学创作，哪个是"岔乎岔乎"呢？他自己说小时候没想过写戏，也没想过写小说，而是喜欢画画，最终却没有成为画家，而是写起了小说，做了多年的编剧。世间事就是这般难料和不可设计，也到底说不清编剧之于汪曾祺，有着怎样的作用，积极的抑或消极的？但可以肯定的是，没有二十余年编剧生涯，也就没有后来的汪曾祺。这个自称"两栖类"、被徐城北称为"一脚梨园一脚文坛"的老人，同他生活的时代一样，是个说不尽道不完的话题，他留给世人的不仅是那些散发着自然、清新、纯美气息的文艺作品，他那富有戏剧意味的人生经历也发人深思。

（原载《新文学史料》2007年第2期）

《你好，汪曾祺》[①] 编后记

我常常想，为什么会在毕业七八年之后又喜欢上汪曾祺？大概与年龄有关吧。年龄大些，经历多了些，对人生的理解和年少时大不一样了。有时感觉很累，活着苦多乐少；绝望的时候也是有的，整个人仿佛要坠入无底深渊；对生活也变得麻木，好多事情好像只是出于责任和义务，似乎一切了无兴趣情致可言。可汪曾祺不是这样，在晚年他还由衷地说："活着多好呀！"这让我感觉无限的温暖。想想汪曾祺的人生遭遇其实是很坎坷的，热闹过、冷清过，寂寞过、愤怒过、不平过、郁闷过，跌宕起伏，可最终还是"随遇而安"，非但没有在心头留下阴影，并由此愤世嫉俗，相反却感觉人世温暖、人生可爱。这是什么样的人生境界呢？积极、豁达、幽默、乐天好像都不足以形容，乃是眼中所见已超越

[①] 段春娟、张秋红编《你好，汪曾祺》，山东画报出版社2007年版。

狭隘世界了吧，历经世事之后进入一片澄明，入于化境。作家凸凹说汪曾祺"己心妩媚，则世间妩媚；己心温暖，则世间温暖"，真动人呀！由此算是与汪曾祺结缘。接下来是一口气读了他的不少作品，还编了几本书。我留恋于他所营造的纯美和温情世界，不舍得离开。不仅如此，他还总让我生出"上天钟灵于斯人，前无古人、后无来者"之叹。他擅画，他对自己的画评价为：我的画，也只是白云一片而已。这是怎样的灵性思维呢？而这样的空灵之语与飘逸心思不时闪烁在字里行间，让我觉得他的神奇与不凡。

2007年5月16日是汪曾祺去世十周年的日子。以前曾试着问汪先生的女儿汪朝女士，是否有一些纪念活动，也曾想要是能把当年很多人写汪曾祺的文章汇集成一本书，该是一份很好的纪念。但也深知十年时间，好多文章都湮没不见，甚至有的作者也已离开人世。世事茫茫，到哪去寻找这些当年的文章呢？犹如大海捞针啊。于是想法也就只是想法而已，并没有付之于行动，确切地说是无从下手。

世事难料。忽然有一天，我接到一个陌生的电话，说是看了我编的汪曾祺的书。说编得真好！之后他便自我介绍说是苏北，铁杆汪迷，对汪曾祺的理解不是那种普通的研究型的，而是贴心贴肺的，并将他写的《一汪情深》给我看，还说要送我一本由高邮汪曾祺文学馆编的书。尽管不知答应送我的为何书，但想是汪曾祺文学馆编的，便想要。过几天书没收到，也不管唐突冒失与否，便打电话催。果然几天后书寄到，是那本由高邮市文联和高邮市旅游局联合编写的《风流秦游》。该书收有多篇感悟汪曾祺的文章！这提醒了我，汪曾祺文学馆肯定有很多资料。急忙打电话联系他们，

《你好，汪曾祺》封面图

得到了此书副主编陈其昌先生盛情相邀，遂有了我心仪已久的汪曾祺故乡行。

令人感慨的是，汪曾祺用他的笔抒写着对家乡的一往情深，家乡人也对他报以厚爱。听说我为编书查资料而来，都说，为汪曾祺做事他们要支持的。在南京陆建华先生（《汪曾祺传》的作者，汪曾祺研究会会长）家，陆先生嫌客厅光线不足，把十几本资料全搬到阳台上让我翻阅，并将看好的复印下来。那天阳光灿烂，光线透过窗玻璃射进来，阳台上特别温暖，我在那里待了一上午。高邮的陈其昌先生也将手头的图片、文字资料复制下来一并给我。为了赶时间，安徽的陈立新老师（那个先前打电话给我的陌生人，也是我编此书的直接引发者。苏北乃其笔名，缘于到汪曾祺的故乡苏北一带游走）也将他"多年的经营"用特快专递寄给我。当我说他眼光好、看得准时，他不无得意地自夸是"慧眼"。还有汪朝女士，也将她收藏的资料寄来……这也让我产生这样的感觉：十年过去了，好像汪曾祺并没有离开，许许多多热爱他、喜欢他的人依然生活在他的世界中，以自己的方式与他交流着，就像经常相遇的老朋友，见了面打声招呼：你好，汪曾祺！那么亲切，那么自然。的确，汪曾祺并没有走，他在他的作品中长存，和与其相遇的人倾心交谈，诉说着生活之美、人性之美。我也算是其中的一个吧，谢谢你，汪曾祺先生！

在这里，也一并向提供帮助的人致谢！

（2007年4月于泉城济南）

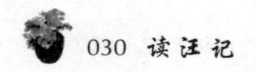

汪迷苏北的幸福告白

苏北是个幸福的人。他的幸福源于一个人对他"温暖而无边无际的包围"。这个人就是汪曾祺。

苏北是一个地道的"汪迷",对汪曾祺贴心贴肺的理解、热爱。他不止一次地游走于汪曾祺的故乡高邮一带,并以笔名"苏北"行世;他不间断地读其作品不说,还曾手抄汪曾祺的文章,有四大本子;买他见到的任何版本的汪曾祺的书,并把书影制成照片,夹在一个大影集里,向同道展示;在汪曾祺去世十二年后,他又出了一本书《一汪情深——回忆汪曾祺先生》,将他多年来对汪曾祺的追随、理解、叹赏写进书中。用苏北自己的话说,他是汪迷中"最认真、最持久、最痴迷的一个"。

汪曾祺在《对读者的感谢》一文中曾提及收到一个书不像书、包装得很整齐严实的邮包,里面是四个大笔记本,是天长县的一个文学青年把他的部分小说用钢笔抄了一遍,并在行边用红笔加了圈点，在页边加了批。这个用功至此的青年便是苏北。其时苏北26岁，是个漂在北京的文学青年。不仅如此，四个记录本的牛皮纸封面上还工工整整地写着"汪之一"到"汪之四"的字样。大概汪曾祺收到苏北的"特殊礼物"没过几个月，苏北就成了汪府的常客，同汪曾祺喝过酒，吃过汪曾祺亲手做的菜，给汪曾祺跑腿送过稿子——并别有用心地留下原稿，送出去的是复印件，看到过汪先生"凝神"时刻、"蹙眉"之处，得到过汪先生的批评与鼓励，汪曾祺的一些有情趣、见格调的瞬间都让他给看到了。他的福分的确不浅！他喜欢汪曾祺的人与文，生活中追随他，精神上皈依他，并浸润其中、越走越远、越陷越深。《一汪情深——回忆汪曾祺先生》中的文字便是苏北对汪曾祺其人其文的品读，带着浓浓的个人色彩。

那四个誊抄着密密麻麻文字、带着体温与热情的笔记本，在汪曾祺去世十多年后，他的女儿汪朝女士又寄给了苏北。苏北说他已经为这四个笔记本找到了归宿——高邮汪曾祺纪念馆，并说这四个本子是"一个曾经的文学青年对汪先生崇敬的最好的写照"。其实这本《一汪情深——回忆汪曾祺先生》又何尝不是他对汪先生崇敬的写照呢？里面写尽了苏北对汪曾祺的痴迷以及汪曾祺对其精神、人格、写作等无处不在的渗透与影响。读此书，也有一种温情的感觉，心头有股甜蜜的味道，想必是"这传达着生命的温度"也让我感觉到了？

记得刚刚收到此书时，苏北肯定地说，文字是好的。我却傻傻地回复说设计得挺好，文字尚未读，没有发言权。待一口气读完，方体会出他的自信是有充分的理由的，并通过短信向他表达了这种感觉。苏北又接着说铁凝称赞此书，陈子善也向他要书，唬了我一跳，心想别再胡言乱语了……这是怎样一本书呢？不是"评"，也不是"论"，而是感悟式的、片断式的，零散的、不太成系统，却时不时有灵光闪现；不厚重、不学术，却言为心声，情深意长。

苏北这样描述他读汪文的感觉："他那些通俗明白的文字，仿佛有鬼，有风，有雨，有音乐，有风俗，有气息。就是这么出神入化。令我辈呆望出神，品咂之余，扼腕叹息。"可以想象他是怎样的沉迷其中，如痴如醉、如梦如醒。我特别欣赏苏北对汪文的解读，不是那种学院式的评价，而是沉浸于其中的一种感悟，完全是描写第一感觉。他对《荷花》及《下大雨》等文的解读堪称绝妙，他对汪文的把握是具体而微的、可感的，能让人觉出他阅读过程中思维及情感的流动，绝非人云亦云！

其实能写、写好不易，需要功力与天分，能读、会读同样也需要见地。正如有人写一辈子也拿不出什么好东西来，貌似认真读书、实则不知其味的也大有人在。读且能读出滋味靠的是"慧心""慧眼"。苏北有"慧眼"，汪文的神韵被他发现，并且得到他发自内心的激赏叹服。苏北认为，中国的文字不是随便码的，码不好，就是一堆死字。而汪曾祺的文字码得好，出神入化，呼风唤雨，是灵，是透，是美。他说自己是被汪曾祺的文字击中，还说撞上了汪先生的文字，是他的造化。

苏北对汪曾祺其人的理解也独到。这一方面源于他有幸亲听汪曾祺的教诲，另一方面在于他独特的观察视角，入他心、入他眼的皆是细节。细节最见精神。他捕捉到汪曾祺的独特眼神、自负的神气，听到了"小小子，坐门墩"的儿歌，注意到汪曾祺去美国所见的是池塘中的鸭子、到香港看到的是大树,包括汪曾祺为宗璞的题画"人间存一角,聊放侧枝花",为李迪所写"有镜藏眼,无地容鼻"的戏语,都让他极为欣赏,并津津乐道。他认为汪曾祺目中所见是生活之"小",而非"大",这些最见气质,最能体现一个人的生活态度。他认为汪曾祺一生追求美,追求和谐,归根到底在于他是用审美的眼光看待世界和人生。恰如文学家凸凹对汪曾祺的评价:"己心妩媚,则世间妩媚;己心温暖,则世间温暖。"苏北关注那些有情趣的细节,并为之怦然心动,也足见他心思的细腻、柔软,他的心和汪曾祺的心是相通的。这让我想起汪曾祺回忆其师沈从文,对细节的观察亦极细,汪所言沈从文曾说茨菇比土豆"格"高(对土豆也讲"格"),喜欢"虎耳草"等细节,都让人动容。

苏北读汪曾祺,也被汪曾祺深深改变。汪曾祺不仅为他打开一扇文学之门,更重要的是那些文字滋养了他的生命,改变了他的气质、他的生活态度,让他"内心柔软,对生命,对一切生灵,充满怜爱之心;懂得欣赏美的东西:花朵,溪水,草木和少女;不为物质所累,心中有光,有生命的'大'的妄想……"他认为汪曾祺给了他温暖,给了他向上的力量。对一个人而言,还有什么比这更要紧的呢?所以苏北动情地说汪曾祺是他心中的丰碑,高邮是他文学的发源地。这也可以作为一个例子,来证明文学的功用。文学绝不是可有可无的。一个人是不是热爱生活,有没有美的情思,有什么样的生命质量,其实与他是否读书、读什么样的书大有关系。漠视文学、漠视读书,是短视行为。

苏北也是惜福之人。他说"我这辈子大概是不会离开汪先生的"。

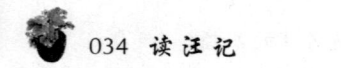

他把那些温暖、促进、顿悟都藏在心底,慢慢滋养、酝酿、发酵、升华,变成这样一本带着生命的温度的书——这是从心底流出来的,相信也会温润读它的人。

(原载《长江文艺》2010年第2期)

他是教人幸福呀[1]
——读汪曾祺

　　我常常想，为什么会有越来越多的人喜欢汪曾祺？为什么在他去世十年之后依然有那么多"汪迷"追随着他，仿佛生活在他的世界中，提起他来津津乐道？为什么我本人亦在毕业七八年后加入读汪的行列？后来我慢慢想明白，大概他是以文学的方式诠释生活之道、教人幸福的吧？在很多人被生活压弯了腰，只顾匆匆赶路、无暇顾他的时候，汪曾祺却说："生活，是很好玩的""活着多好呀"。这仿佛天籁之音，给人以心灵的滋润与温暖。

　　2007年5月16日，我有幸参加了在汪曾祺的家乡高邮举办的纪念汪曾祺去世十周年系列活动。参加活动的人很多，来自全国

---

[1] 本文原载金实秋编《永远的汪曾祺》一书，上海远东出版社2008年版。

各地，有汪曾祺的子女、老朋友、忘年交，当年曾编过汪曾祺作品的刊物编辑，各地的"汪迷"、研究者等。大家在追思、缅怀这位老人的时候，用得最多的就是"温暖"二字，说汪曾祺其人其文给人温暖的感觉。

有人说他给人一种向上的力量，有人说他之所以受越来越多的人喜爱在于其作品中的人性含量大、写作的平民视角，也有人说他是爱美的——生活之美及人性之美……人们从不同视角诉说着对汪曾祺的理解，其实都是表达了同一个意思，那就是汪先生的文章还原了生活的可爱、人性的美好。他对人们说，生活是很好玩的，要好好活着，有兴致地活着。

每每这时，总让我想起他坎坷的人生遭遇。热闹过、冷清过，寂寞过、愤怒过，不平过、郁闷过，真可谓跌宕起伏。可最终还是"随遇而安"，非但没有在心头留下阴影，并由此愤世嫉俗，相反却感觉人世温暖、人生可爱。在农村劳动时，接下画《中国马铃薯图谱》的任务，他一个人来到高寒地带的沽源，白天奔波在马铃薯田间，晚上在灯下读书，他说这是神仙过的日子；他将马铃薯的花摘下插在玻璃杯中对着描画，在给友人的信中他这样描述当时的生活，"坐对一丛花，眸子炯如虎"；还自得地说像他那样吃过那么多品种的马铃薯的，全国盖无第二人。身处苦难不以为苦，走过苦难却从不言苦。说他积极、豁达、幽默、乐天好像都似不够，乃是历经世事后进入一片澄明，入于化境，眼中所见已超越狭隘世界了吧。

读汪曾祺，时时感受到的是字里行间洋溢着的诗意和情趣。草木虫鱼、四季蔬果、寻常人家的吃食、普普通通的人物，在其笔下都意味隽永、有滋有味、有情有趣。他很欣赏宋人诗句"万物静观皆自得，四时佳兴与人同"，他也常说"顿觉眼前生意满，须知世上苦人多"。对生活，他是以审美的眼光看待的，亦怀有悲悯的情怀。所以说他的快乐，不是简单的孩子似的快乐，他对生活的咏唱亦不是因命运对其格外垂青，让其免去人生之苦而尽享人生之乐，而是源于对生活的深刻体验，是历经磨砺之后的超脱，那是有着深厚的人性底蕴的。

评论家叶橹说，要真正读懂汪老，体味到其小说的妙处，没有深刻的人生经验不行，没有对人情与人性的真诚而执着的探究也不行。我想是这样的。只有到了一定年龄，承当了各种各样的人生角色，尝过了生活的酸甜苦辣，真切体会了生命的艰辛与不易，才能读懂汪曾祺——他的可爱，他的难能可贵。他曾说过："对世事看淡了，看透了，对现实多多少少是疏离的。受过伤的心总是有璺的。人的心，是脆的。"这何尝不是对他本人心态的真实写照？可他却用一支笔创造出了一个充满善意和温情的世界。也可以说他对人性、对生活的审美化观照、解读与再现正表达了他的理想——那是他虽经磨难却永存心底的渴望与梦想所在。心迹斑斑，可感可触，汪曾祺的人文情怀正体现在这里。

劳劳众生，苍凉一世。意义何在？幸福何在？汪曾祺那些有益世道人心的小说、散文给了我们最好的答案。

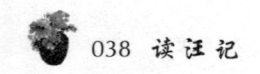

汪曾祺在西南联大[①]

汪曾祺就读的是西南联大——那所已然成为绝唱、被誉为中国教育史上的丰碑和奇迹的大学。

因为体育、英语考试不合格,他的大学读了五年,最终也只拿了个肄业证书。时间是1939年至1943年。

1937年卢沟桥事变以后,抗日战争全面爆发。汪曾祺就读的江阴南菁中学停课,其时他正上高三。为完成学业,他曾辗转多地借读,亦时读时辍,其间曾跟随家人到离城稍远的乡下庵中避难(即小说《受戒》中所写的那个庵)。随身所带除了备考所需的数理化教科书,只有屠格涅夫的《猎人笔记》和《沈从文小说选》。

---

① 本文原分三次载于《中国教育报·文化周末》,标题分别为:《不读西南联大,也许不会成为作家》,2016年11月26日第04版;《师生互爱 彼此欣赏》,2016年12月02日第04版;《不废风雅 安心学术》,2016年12月09日第04版。

《我在西南联大的日子》封面图，山东画报出版社2018年版

汪曾祺曾言："说得夸张一点，可以说这两本书定了我的终身。"其实定了他终身、让他走上写作之路的还有他的大学。

日军南侵，偌大的华北盛不下一张书桌。北大、清华、南开合并组建临时大学，南迁至长沙，改为西南联合大学，继而又迁至昆明，在相对安全、条件十分艰难困苦的环境下办教育，传承文化火种，谱写出中国教育史上璀璨的华章。

从1938年至1946年，西南联大九年间培育出八千余名毕业生，扛起中国科学文化界的大梁，为中华民族复兴作出艰苦卓绝的贡献。其间流传至今的故事，彰显出的精神、风骨、人格是那般超然绝尘，令后辈激赏赞叹。

1939年，汪曾祺辗转大半个南中国，经由上海、香港、越南来到昆明，报考西南联大。由于一路奔波，他得了恶性疟疾，住进医院，高烧超过四十度，几至病危。待刚刚能喝一碗蛋花汤，就晃晃悠悠进了考场，居然顺利考中。他报考的是西南联大中国文学系。

自由

汪曾祺说西南联大各系学生各有特点，从外表上亦能看出个大概，中文系的男生多为"不衫不履"的名士派头。何孔敬的《长相思》一书中有一张李荣、汪曾祺和朱德熙三人的合影，大抵如此，三人均身着长衫、不修边幅的样子。如果说这还只是个表面现象，那么汪曾祺骨子里也是个潇洒不拘、自由散漫的人。

他上课很随便，喜欢的就上，不喜欢的就不上。沈从文先生的课他都上——"各体文习作"是二年级必修课，"创作实习""中国小说史"是选修课，他都选了。据他回想，沈从文并不擅于讲课，声音很小，操着很浓的湘西口音，很不好懂。然而，他又说要是能听"懂"的话，就会受益匪浅、终生受用。让汪曾祺体味深刻并在以后的写作实践中深有同感的是"要贴到人物来写"，这句话他算是读通透了。

闻一多先生的课他也喜欢。闻一多先后开过"楚辞""唐诗""古代神话"三门课。"楚辞"课上，闻先生先点燃烟斗，会抽烟的学生也可以点上（汪是会抽烟的学生之一），于是开讲。那句被后人广为传颂的"痛饮酒，熟读《离骚》，乃可以为名士"，汪曾祺是亲耳听见的。他说上闻先生的课，"让人感到一种美，思想的美，逻辑的美，才华的美"。他盛赞闻先生讲唐诗"并世无

汪曾祺在西南联大　041

《中国教育报》2016年11月26日第04版图

第二人"，不蹈袭前人一语，是将晚唐诗和西方印象派画对比、用比较文学方法讲唐诗的第一人。

即便沈从文、闻一多两位先生的课在他看来精彩无比，汪曾祺也大大咧咧，从不记笔记。以致他后来不无遗憾地说："我如果把沈先生讲课时的精辟见解记下来，也可以成为一本《沈从文论创作》。可惜我不是这样的有心人。"他对同学郑临川能把闻一多上唐诗的课整理出版成《闻一多论唐诗》佩服得不得了，说是做了件大好事。

但有的课不对路子，便不去上。他主动旁听过西语系教授吴宓的"中西诗之比较"，只听一节就放弃了，原因是他讲的第一首诗是："一去二三里，烟村四五家。亭台六七座，八九十枝花。"他认为这未免太浅了。朱自清的"宋诗"课，他也不甚喜欢，理由是太严格。"他一首一首地讲，要求学生记笔记，背，还要定期考试，小考，大考"。这不太符合汪曾祺自由散漫的性情，便时常缺课，这给朱自清留下不佳印象，以至大学毕业后，中文系主任罗常培曾推荐他给朱自清当助教，被一口回绝："汪曾祺连我的课都不上，我怎么能要他当助教？"

上课随便，读书也随性，这大抵是汪曾祺的大学生活。这个随性表现在两个方面：一是杂，一是不拘时间、地点。杂到什么程度？用他自己的话说是"从心所欲，随便瞎看"。连元朝菜谱类的书《饮膳正要》都看得挺仔细，可见杂之极。当然还看了大量的西方文学、哲学作品，像纪德、阿索林、弗洛伊德、萨特、伍尔芙等，都看过。也是出于随性，对于广为称道的列夫·托尔斯泰却始终提不起兴趣。直至晚年，汪曾祺认为，读杂好处多多，对其创作有着多方面的积极影响。

看书不拘地点。茶馆、系图书馆、翠湖边上的图书馆都去，只是不愿去学校的大图书馆——那么多人正襟危坐的读书方式，他不乐意接受。他愿意去系图书馆看书，完全是因那里的自由，随便什么书，想看就抽下来看，不用经过借书手续，而且还可以抽烟。一次在系图书馆夜读，听得墙外坟地一派细乐之声，很是瘆人。

看书不分时间，黑白颠倒。他和历史系的一位同住25号联大宿舍的舍友，几未谋面，原因是那个同学每天黎明即起，他则从不循规蹈矩，是个夜猫子。他说自己"差不多每夜看书，到鸡叫回宿舍睡觉"。有一段时间租住在民强巷，每晚看书写作到天已蒙蒙亮，听到邻居家的鸭子嘎嘎地叫起来，他才睡去。可见他的吊儿郎当，只是作息时间的不规律，对于读书和写作还是极用功和用心的。

自由还表现在教授们上课及学生们的选课上。据汪曾祺回忆，教授们想讲什么就讲什么，想怎样讲就怎样讲，无人干涉。教文字的唐兰先生开过"词选"，上课基本不讲，就是操着无锡腔，把词吟一遍。"'双鬓隔香红啊，玉钗头上凤。'——好！真好！"一首词就算讲完了。联大教授的课也都可以随意旁听……

教授们自由上课，学生自由选课、读书，学校都一样的宽容，没有条条框框的限制。除了一些基础性的课，大多教授对学生要求不严，一般都是学期末交一篇读书报告即可。当然读书报告重在有无独创性见解，而不是抄书。这大概是西南联大能够培养出那么多杰出人才的原因之一吧。

汪曾祺对此深信不疑，他认为正是西南联大自由宽松的氛围造就了他："我要不是读了西南联大，也许不会成为一个作家。至少不会成为一个像现在这样的作家。"

当然也正是因为自由和随性，汪曾祺也付出了代价。因为体育、英语两门课不及格，他多读了一年大学；又因没按学校规定到前线做翻译，他没有拿到大学毕业证书。这让他在后来的人生道路上格外多了一些波折，吃了不少苦头。可见联大的宽松自由和严格要求是并行不悖的，这是否也是这所大学的魅力所在？

欣赏

西南联大名师荟萃，闻一多、吴宓、朱自清、沈从文等，每一位都散发着耀眼的光芒。大学期间，能够目睹大师风采，聆听其教诲，感受他们超然绝俗之人格、博大精深之学问，真乃人生大幸。教授们对有才的学生亦是爱护有加、格外垂青，可以说是师生互爱、彼此欣赏。

汪曾祺在多篇文章中提及，联大教授爱才。其实，这既是他耳目所接，更有自己的亲身体会在里面。尽管上课比较随便，却"颇具歪才"（汪自称），这让一些教授对其刮目相看。最有代表的当属沈从文和闻一多。

汪曾祺和沈从文这对师生彼此欣赏，早已成为文坛佳话。汪曾祺早在填报志愿时便想到沈从文，自是对其仰慕不已。及入学，不仅沈先生的课上得积极，还经常光顾沈先生的家。去交稿子、看他收藏的宝贝、借书，听他讲金岳霖、闻一多等人的逸闻趣事；有时还陪着先生去遛街，逛裱画店、看字画，两人还常一起下馆子，所吃不过是一碗米线。

沈从文对这个学生也喜欢，给他的习作为全班最高分120分（满分100分），甚至还说过"汪曾祺写得比我好"。有一次汪曾祺喝醉了酒，坐在马路边，恰巧被演讲回来的沈从文看见，将其扶至家中，灌了好些酽茶才得以清醒。另一次汪曾祺牙疼，鼓着腮

《中国教育报》2016年12月02日第04版图

帮子就去了老师家，沈先生二话没说出去买了几个大橘子。

汪曾祺写了文章给沈从文看，沈从文无不仔细批阅，好的就自行贴上邮票，寄至相熟的报刊发表。目前所知汪曾祺发表的最早作品——小说《复仇》就是经沈先生介绍出去，发表在《大公报》上的，当时他只有21岁。他说在昆明写的稿子，几乎全是沈先生寄出去的。为省邮费，沈先生把稿纸的边缘裁去，只留纸芯。

汪说沈先生"这辈子为别人寄稿子用去的邮费也是一个相当可观的数目了",这其中当然包括给他寄稿子。

二人的情谊保持终生。沈从文既是汪曾祺写作上的引路人,亦是其人生导师。沈从文常说的"耐烦",对人生要永远保有热度,"千万不要冷嘲""在事业上有以自现,在学术上有以自立"等,都对汪曾祺有极大的影响。

1946年在上海汪曾祺找不到职业,情绪极坏,向老师倾诉。沈从文写信骂他:"为了一时的困难,就这样哭哭啼啼的,甚至想到要自杀,真是没有出息!你手中有一支笔,怕什么!"1948年2月,汪曾祺到北京后,一时找不到工作,沈从文为此四处奔走,汪的第一份工作——在午门的历史博物馆当职员是沈从文帮着找的。

汪曾祺对沈从文也情深义重,他断断续续为"沈先生"写下的文章有十余篇,篇篇情真意切,充满深厚的感情,写沈的寂寞,沈的抒情气质,沈对人的永远的关注、对民族的希望,写沈是"一个爱国的作家""一个水边的抒情诗人""一个风景画的大师,一个横绝一代、无与伦比的风景画家""一个不可救药的'美'的爱好者"……是骨子里的理解、热爱,更有替他开脱、解释和鸣不平的深意在。写沈从文的文章、对其人其文的理解能出其右者,鲜矣。

汪曾祺在1997年4月3日写过一篇《梦见沈从文先生》,随后一个多月,他也追随沈先生去了。这是不是也算他们师生的一场缘分?如此之亦师亦友亦知己、相系一生的深厚情谊,着实令人感喟。

在联大，欣赏汪曾祺的还有闻一多先生。闻一多曾痛斥过汪曾祺的颓废，汪曾祺也曾对闻先生的热衷于政治直率地提出过意见。这对师生互为"俯冲""高射"，却都不存任何芥蒂，可谓肝胆相照。汪曾祺曾自信地说过"闻先生是很喜欢我的"。有一次汪曾祺替一位同学当"枪手"写了篇作业，评价李贺的诗，说其诗色彩浓烈，是画在黑底子上的画，不同于别人的诗是画在白底子上的画。闻一多对此文的评价是"比汪曾祺写得还要好"！可见闻一多对汪曾祺的看重和欣赏。

罗常培也喜欢汪曾祺，曾为他写过介绍信，说"该生素具创作夙慧"；在王力先生的"诗法"课上，汪曾祺填过一首词，得到的评语是"自是君身有仙骨，剪裁妙处不须论"；在杨振声先生的"汉魏六朝诗选"课上，他写过一份报告《方车论》，获赏识，并因此享有期末免试资格，还曾被杨先生邀至家中，喝咖啡，看姚茫父的册页……

大概欣赏学生是联大的一种风气吧。多年后这种爱才惜才的传统，也在联大学生身上绵延。汪曾祺的联大同窗好友朱德熙，后来成为著名语言文字学家，任教于北京大学，一度曾任北京大学副校长，对青年学者裘锡圭可谓爱惜有加，每每提起都是那种发现了天才的语气；汪曾祺本人也多次给青年作家写序，几成"写序专家"，足见对青年写作者的提携和爱护。

师生情意相通、惺惺相惜，是文脉的接续，更是人格精神的传承，可叹的是，不足百年，此种风气绝矣。

博雅

  汪曾祺在多篇文章中提及，博雅是西南联大的学风之一。虽处在家国危难关头，师生却不废风雅，安心学术，有超强的定力。

  其实汪曾祺本人即是一个博雅之人。他写得一手好字，联大同学马识途当年就是先见识了那别有风味的书法，才识得汪曾祺其人的；汪颇具"画名"，曾言如果考不上西南联大，便要报考同样位于昆明的国立艺专；汪擅吹笛子，笛风纯正，常在月白风清之夜，坐在联大"昆中北院"的一棵大槐树暴出地面的老树根上，独自吹笛，直至半夜；汪爱好京剧，擅唱青衣，大一时常约同好到宿舍过把戏瘾，却被不理解的同学骂为"猫叫"；汪还喜欢昆曲，他常参加"晚翠园曲会"，学会《游园·惊梦》《拾画·叫画》等不少昆曲唱段；汪曾与同学发起成立"山海云剧社"，演过曹禺的《北京人》等话剧，除在剧中扮演角色，还负责化妆——他后来写过一篇《后台》，想来是对这一段时光的回想。

  一个人的气质、修养不能速成，需要长久的浸泡、滋润，像和风细雨般润物无声。汪曾祺的博雅，一方面得益于西南联大宽松博雅学风的涵养化育，另一方面则源于传统文化家庭的熏陶。

  汪曾祺的祖父为清末拔贡，酒后好背唐诗，他教年幼的汪曾祺读《论语》、练字帖。他的父亲多才多艺，吹拉弹唱、金石书画皆通，逢春秋佳日就打开画室作画。这样的家庭氛围自然给了汪曾祺潜移默化的影响。

  汪曾祺自小便喜欢东看西看，对书画、民俗风情有着浓郁的兴趣。及至到了大学，这些兴趣都得以保留和发展。他仍然喜欢

汪曾祺在西南联大　049

《中国教育报》2016年12月09日第04版图

到处闲逛。逛裱画店，看钱南园的四方四正的颜字对联，看吴忠荩写的行书四扇屏，他认为这样闲看，是"慰情聊胜于无，看看也是享受"。连别人觉得没啥看头的锡箔作坊，他都看得津津有味，说是在欣赏师傅们的槌锡箔艺术。茶叶店也有逛头，看店内挂着的书法对联、画作等。有一次他在一家茶叶店里看到一副对联"静对古碑临黑女,闲吟绝句比红儿",很是欣赏,多年以后还记得清楚。这种种闲逛完全是超乎功利的兴之所在,如今,这样一份闲情雅致到哪里寻觅?

汪曾祺颇为欣赏联大《大一国文》课,说此书编得很有"倾向性"。文言文部分突出选了《论语》中的"子路曾皙冉有公西华侍座篇"及相当篇幅的《世说新语》。"暮春者,春服既成,冠者五六人,童子六七人,浴乎沂,风乎舞雩,咏而归。"他认为这样的选文别具眼光和用心,对联大学生重个性、轻利禄、潇洒自如的人生态度有着直接的影响。《大一国文》是联大所有大一学生的必修课。

联大实行的是学分制,除了必修课,学生们选课很自由,不分文理。像闻一多的"古代神话"课很叫座,有些理科生不惜穿越一座城,就为来站着听两节课。吴宓先生的"红楼梦"课也颇受欢迎,文理生都有,站着听课成为一景,颇具绅士风度的吴先生总是先到隔壁屋子搬来座椅,等所有女生都落座后才开讲。

联大尊重学生的兴趣,学生转系简单易行。汪曾祺夫人施松卿也是联大学生,她先是学物理,然后转至生物系,后又转至西语系。好友朱德熙,原本是学物理,后来听了史学家唐兰教授的课,对古文字发生浓厚兴趣,遂转至中文系,后来在古文字领域作出极大贡献。

在这样的风气之下,联大师生大多文理兼通,举止不凡,性情高雅。据汪曾祺说,理工学院的教授兼能文事且修养极高的,不乏其人:华罗庚先生善写散曲体的诗;地球物理学家赵九章能写一手秀雅流丽的文徵明体的小楷;教逻辑、研究哲学的金岳霖先生爱看小说，从普鲁斯特到福尔摩斯都看，学生们举办沙龙，沈从文请他给学生们讲"小说和哲学"……像会刻木刻的马杏垣、喜欢古典音乐的欧大澄都是地质系的学生，他们大都文质彬彬、气度潇洒，毫无鄙俗之气。

汪曾祺说，"多才多艺，是联大许多搞自然科学的教授学生的一个共同特点"。除了在各自专业领域的投入、忘我的工作，他们的业余活动也颇为丰富，像那些参与曲会、唱昆曲的师生，不只是来自文科系，还有数学家许宝騄教授、研究生物的崔芝兰教授、学生物的学生吴征镒等，他们都称得上是铁杆戏迷。

国难当头，环境恶劣，师生们食不果腹，却依然保有高雅的情趣、丰盈的心灵，对美怀着无比的热爱，着实令人感佩。

时隔四十余年，汪曾祺曾写过一篇《晚翠园曲会》，文章一如那细腻宛转的昆曲唱腔，千回百折，沧桑满怀，结尾处尤为动情："在百物飞腾、人心浮躁之际，他们还能平平静静地做学问，并能在高吟浅唱、曲声笛韵中自得其乐，对复兴民族大业不失信心，不颓唐，不沮丧，他们是浊世中的清流，漩涡中的砥柱。他们中不少人对文化、科学做出了很大的成绩，安贫乐道，恬淡冲和，是中国知识分子优良的传统。这个传统应该得到继承，得到扶植发扬。"

诚哉斯言。我们今天的教育不仅要向现代化、国际化方向发展，更应向过去借鉴经验。回望当年的西南联大，或可从中得到更多启示。

汪曾祺的几方闲章

汪曾祺先生是个博雅人,写作之余写字、画画遣兴。虽说对自己的画他总是谦虚地说"只可自怡悦,不堪持赠君",可这与事实相违。但凡有一点因缘际会,跟他索要字画的,不管是文人雅士、平头百姓,他都慷慨大方,有求必应,有时还主动送给人家。举个例子:他曾约林斤澜、邵燕祥两位好友给一位素不相识的作者的一篇散文《爱是一束花》写评论,开座谈会,还主动送给作者一幅画;他为曾经搀扶照顾他的温州少女写下"家居绿竹丛中,人在明月光里"对联,并为少女家开的饭店写下了"春来饭店"四字。古道热肠、遍洒"小温"的汪曾祺到底给多少人送过字画,至今还是个未知数。

汪曾祺对于自己的字画,自谦归自谦,其实也是颇有些自信、得意和自爱的。他生前曾有个愿望,想出一本画集。在他去世三年之后，子女用其稿费出了本《汪曾祺书画集》。有幸的是我也拥有一本，是汪先生的女儿汪朝女士送的。这成了我的宝贝，时常翻看。

汪曾祺的早期书画作品，大多只钤名章。大概20世纪八十年代末九十年代初以后，除了名章，他书画作品的一角常压有一两方闲章。从画集上看，汪先生最常用的是"岭上多白云"。此语出自南朝梁人陶弘景的《诏问山中何所有赋诗以答》："山中何所有，岭上多白云。只可自怡悦，不堪持赠君。"汪先生对此诗叹赏有加，说"一个人一辈子留下这四句诗，也就可以不朽矣"。他不仅把此诗后两句嵌入自己《书画自娱》的诗中，还找人刻了两方闲章"岭上多白云"和"只可自怡悦"用以压角。

"岭上多白云"章由杨毓珉先生刻于一九九一年。杨毓珉乃汪曾祺西南联大同窗、北京京剧团同事、知交，对汪的人生道路有着非同寻常的影响。杨毓珉治印，深得汪曾祺嘉许，他曾写过《毓珉治印歌》，盛赞"毓珉治印自成一家，奔放蕴藉间有之"。印章边款是杨毓珉的题诗：

> 相逢语转少，不见忆偏深。
> 滇海桃源梦，京华菊圃吟。
> 西风寒蝉喋，落日暮云新。
> 半世只一瞬，苍苍白发人。
>
> 　　　　　曾祺学兄两正　毓珉　一九九一年

诗中回忆了两人自同窗起至客居京华、历经大乱、晚年迎来

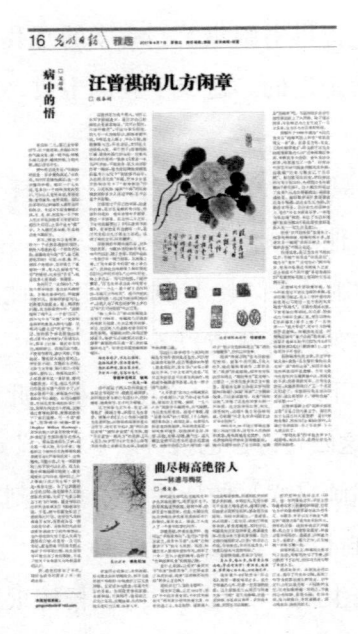

刊载此文的《光明日报》版图

　　新时期的全过程，感慨沉痛深切。其时两位老友都已年过七十，历经磨难，沧桑阅尽，怎不叫人唏嘘。

　　这方闲章为正方形，朱文，用笔圆润古雅，深得汪先生喜爱。画集中的《玉兰小鸟图》（画名为笔者所加，汪曾祺的很多画是兴之所至，没有名字的）、题"明日将往成都""画似李复堂"的花卉图、题"万古虚空　一朝风月"的荷图、《风入松》、七十二岁所书《岁交春》七律等书画作品上面都压有此章，为画面平添清雅之趣。

　　写过《汪曾祺的书与画》的林岫先生当年曾问及汪先生，何以对此章情有独钟，在古稀感怀的吟墨上都选用此印，先生说："休

印章　岭上多白云　　　印章　珠湖百姓　　　印章　人书俱老

得小看这五个字，个中大有清气清骨。"其实这评价也适于汪先生的画作，他的画作格调清芬淡雅，是有一股子清气在的。

"人书俱老"章亦出自杨毓珉之手。边款题曰："此乃孙过庭书谱语，曾祺当之无愧。毓珉 一九八八年"。此章竖长椭圆形，大气端穆，为汪先生所常用。画册中菊图、题"吴带当风"的兰草图、《千山响杜鹃》等作品上都用此章。如果说人的老是沧桑的岁月感，书画的老却是一种风格和境界，透出格调的苍凉、浑厚、古拙、老辣、枯硬、霸气也。这大概也是晚年的汪曾祺所追求的意境吧。他曾评价自己在大理写的一副对子"苍山负雪　洱海流云"，是"酒后书颇霸悍"，并引以为快事。

闲章"珠湖百姓"也为汪曾祺所常用。画集中荷花图、《风入松》、晓色菊图等作品上都钤此章。"珠湖"即高邮湖，相传有宝珠出没而得名。"甓社珠光"是高邮八大景之一，汪先生曾多次在文中提及。高邮市文联主办的文学刊物就叫《珠湖》，封面"珠湖"二字圆润饱满，乃汪曾祺题写。汪自称"珠湖百姓"，体现了他

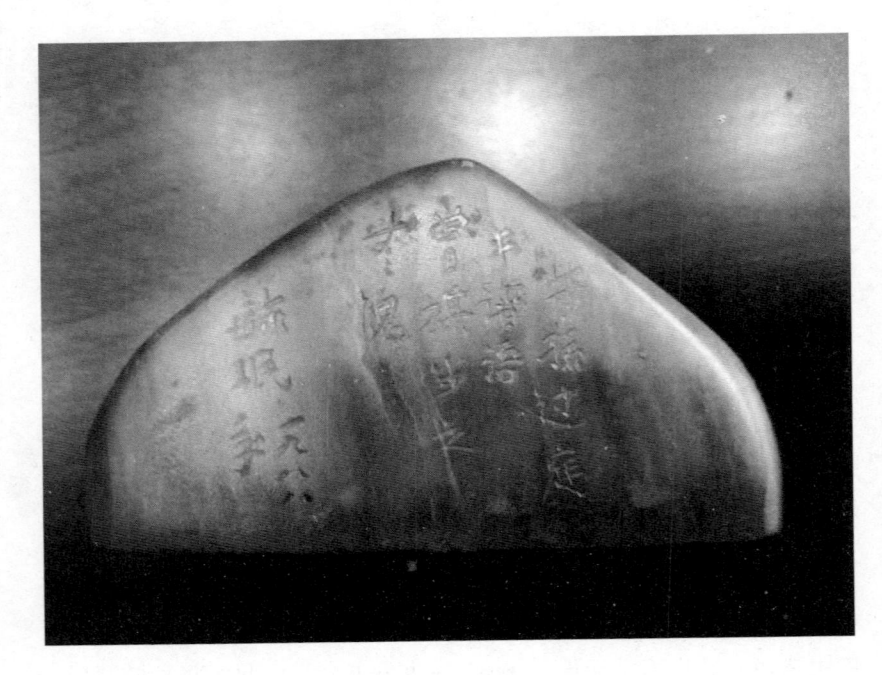

"人书俱老"章边款

对家乡的一片深情。这方闲章竖长型，朱文，清秀婉约，由同乡雅士宋佳林刻就，边款题"汪老先生命刻即乞法正 辛未 佳林"。

1991年九十月间汪曾祺应邀第三次返归故乡，面对乡人的热情和美意，展纸挥毫是定然的。当时负责接待陪伴的宋佳林擅篆刻，一晚工夫便给刻出了这方印章，也算是"急就章"吧。在这次回乡活动中，这枚章也派上了大用场。除了这方闲章，宋佳林还为汪先生刻了一白文名章，也为汪先生后来所常用。

印章"只可自怡悦"也是朱文，线条宛转细腻，好像用得不多，笔者只在一幅题"此似王献之，非郑板桥法也"的竹图上见过。

怡情悦性，是汪先生对书画的认识，书画于他更是"自得其乐"。

印章　唱罢莲花又一春

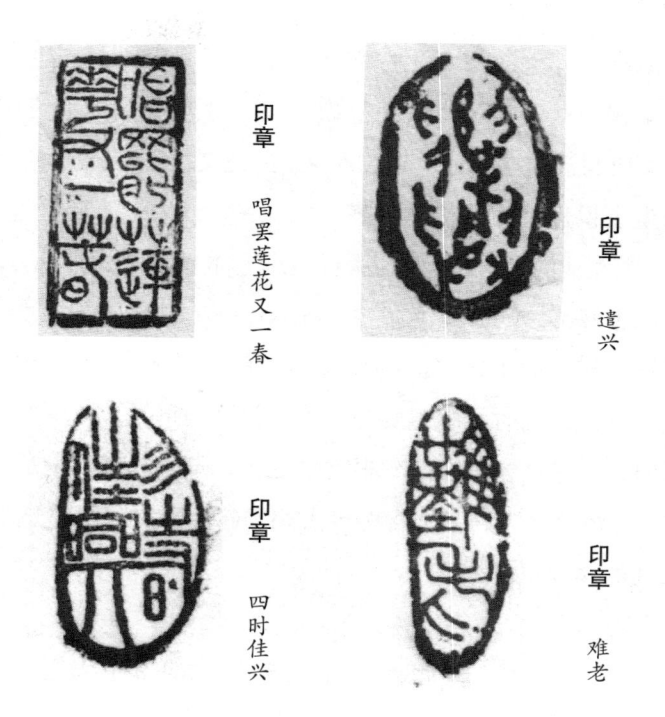

印章　遣兴

印章　四时佳兴

印章　难老

  他还有"遣兴""信可乐心"两方闲章，想来亦是表达书画悦人之意。在他去世前不久所作题"喜迎香港回归"的紫荆梅花图上便同时压有这两方章。

  汪曾祺先生是很懂印的。他小时候受过父亲这方面的熏陶，也亲自操刀刻过，在他上小学时曾用肉红色寿山石刻过一长方形的朱文图章"珠湖人"。在张家口劳动时，在沽源，想到此处乃昔日迁谪之地，便在自带的《容斋随笔》扉页上画了一方图章——"效力军台"。林岫先生说这一时期他还画有"塞外山药"的图章，不知是不是画在如今已经失传的《中国马铃薯图谱》或《口蘑图谱》上，这个还有待考证。

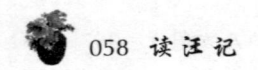

据林岫先生的文章，古文字学家大康（康殷）先生曾打算给汪先生刻一章"曾经沧海"，却因汪先生突然病逝而终成遗憾。当年大康与汪先生同住蒲黄榆小区，虽说交往不多，但都彼此深知。汪先生去世后，大康潸然叹曰："又一个老哥儿们走了。沈从文先走，现在他的学生汪曾祺也随着去了，本想给汪先生刻方印章的，词儿都想好了，'曾经沧海'，没承想……"

　　汪曾祺墓碑上的"高邮汪曾祺之墓"正是出自大康之手。据汪先生子女说当时大康想要一套《汪曾祺全集》，然而当《全集》出版时，大康已住进医院，书上午送到，下午人就去世了。

　　"曾经沧海"四字饱含多少人间滋味，难以言尽，这是两位先生共同的体验吧。

（原载《光明日报》2017年4月7日第16版）

珍贵而有趣的签名本

手头上藏有一本《你好，汪曾祺》，扉页上签有十一位专家学者的名字，还有不知哪位高人在上面画了个圆圈。这个圆圈到底是谁留下的，这些年来，这个谜团一直未解。

2007年5月16日，是汪曾祺先生去世十周年的日子。那天"永远的汪老"系列纪念活动在其家乡高邮举行。活动很隆重，包括汪曾祺追思会、汪曾祺书画展、《你好，汪曾祺》新书首发式、汪曾祺诗碑揭幕、第三届汪曾祺文学奖颁奖、《沙家浜》交响晚会等。汪先生子女以及来自北京、南京、安徽、山东等地的专家学者、汪迷齐聚高邮，出席活动。作为《你好，汪曾祺》一书的选编者，我也有幸参加了纪念活动。

追思会环节，学者们纷纷发言，大家回忆与汪先生的交往，对其人其文的品读感悟，讲起他的逸闻趣事等，真真是"一汪情深"，

060 读汪记

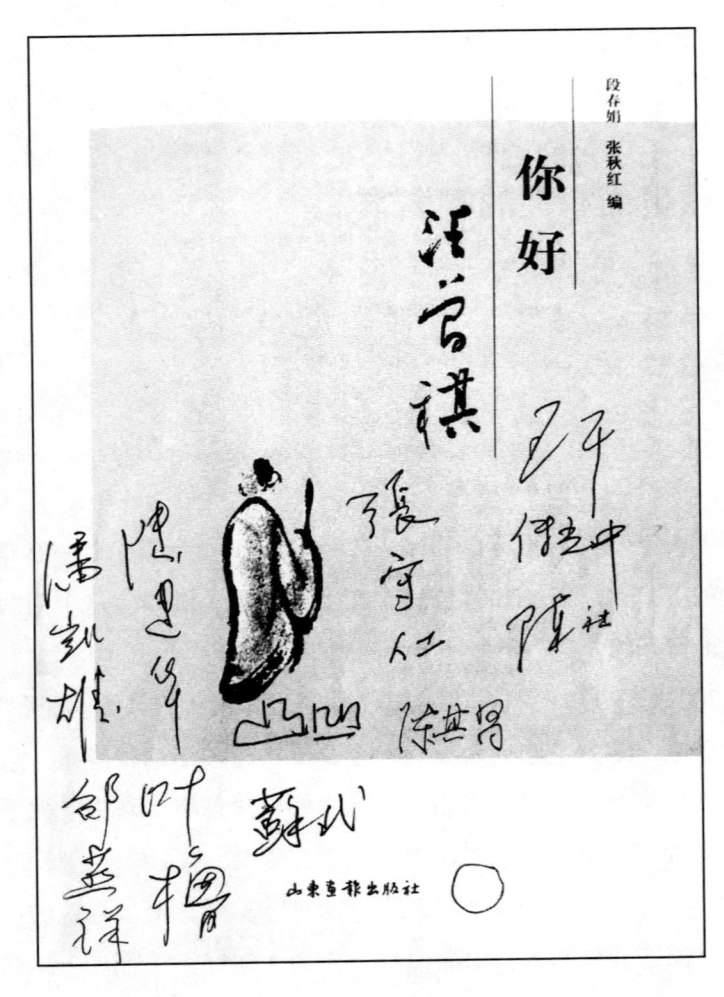

扉页上的有趣签名：右下角的圆圈

温暖动人。

《你好，汪曾祺》编于2007年春天。这是一本纪念文集，收有多人所写的回忆、追念汪先生的文章。此前，我已选编了几本汪先生的书，如《文与画》《五味》《人间草木》《说戏》等，颇受汪迷好评。已故去的黄裳先生当年曾有如此评价："山东画报把曾祺细切零卖了，好在曾祺厚实，可以分排骨、后腿……零卖，而且'作料'加得不错，如《人间草木》。应该称赞是做了一件好事，我有曾祺的全集，但少翻动，不如这些'零售'本，方便且有趣。"（见黄裳给苏北的信，书亦是苏北给黄老先生寄去的）《汪曾祺传》的作者、汪曾祺研究会会长陆建华老师以及安徽作家、资深"汪迷"苏北也都夸过书编得好。我也深知，汪先生的文字摆在那里，任怎么编排都是好的。其时那套北师大版八卷本《汪曾祺全集》已被我搬回家，沉迷其中。这套全集是在汪先生去世之后的1998年出版的。

选编《你好，汪曾祺》，是在那几本书之后，也算是在汪先生去世十周年之际的一份纪念和缅怀吧。

此书是第一本纪念汪曾祺的作品集。选编时注重第一手资料。作者中有汪先生西南联大的同窗，像马识途、杨毓珉、巫宁坤，亦有当年上海"三剑客"之一的黄裳，也有汪先生的生前好友林斤澜、范用、邵燕祥、邓友梅、张守仁，还有宗璞、铁凝、贾平凹、王安忆等当代知名作家，以及汪先生子女、当年的学生、邻居等，这些人均与汪先生有过切实的接触，对汪先生的了解具体可感，写出来的文章必然更具个性和史料价值。

那之后，同类书又出过几本。金实秋编《永远的汪曾祺》，由上海远东出版社于2008年出版；苏北编《我们的汪曾祺》，由广陵书社于2016年出版。这几种书性质相仿，都是外人眼中的汪曾祺，坊间流传的关于汪先生其人其文的逸闻趣事也多能从这几本书中觅到出处。

值得一提的是，当年我选编《你好，汪曾祺》时曾得到高邮宣传部慷慨相助——赞助两千册的图书发行，使得此书得以快速立项出版，赶在汪先生去世十周年之际印出，并作为纪念品送给出席纪念活动的专家学者。但也因时间赶得紧，本书从选定目录、具体编辑到成书，时间大概只用了两个月，错讹之处不少，也给我留下无法弥补的遗憾。

追思会后，大家拿着《你好，汪曾祺》签名留念，也有拍照合影的，各种忙碌。我也不例外，捧着一本书，请到场的学者们签名。匆忙中，有十一位老师在书上签了名，他们是：潘凯雄、邵燕祥、陆建华、叶橹、张守仁、王干、苏北、陈其昌、凸凹、傅光中、陈社。有趣的是，不知是谁在扉页右下角画了个圆圈。许是人多忙乱，许是当时看到但印象不深、随即又给忘掉，如今我真是记不起圆圈是谁留下的。这个圆圈那么稚拙古朴，就像是不会写字的小孩子画下的。它又那么别具一格，是严肃中的活泼、认真中的调皮，这到底是哪位高人的大手笔？

参加纪念活动是我第二次到高邮，第一次是数月前为编书查资料而去。每次去，都深深感受到故乡高邮对汪曾祺的厚爱——家乡父老在以不同方式回报着汪先生对家乡的拳拳深情。他们宣传汪曾祺，宣传高邮，不遗余力。热情的高邮人、小城浓郁的人文氛围都给我留下深刻印象。

转眼又一个十年过去了。

汪曾祺不老。他没有像他那句著名的唱词一样：人一走，茶就凉。事实正相反，他的作品一印再印、不断变换角度重出。据有心人统计，仅2016年，新出各种版本的汪曾祺集子就不下五十种。他依然被无数读者热爱着、喜欢着，也依然有很多人在津津乐道于他的为人为文……

汪曾祺用他的笔创造了一个诗意美好的理想世界。这些年来，我浸润其中，也乐享其中。在我老家说什么东西或习惯好，爱用"养人"这个字眼，比如说水果养人、早睡早起养人。在我看来，汪先生的文字，也养人。它会让人向善向美、温文尔雅，也让人淡定从容、眼中有风景、心中有趣味。汪先生的文字简直有魔力，读来会上瘾，把人就那么给吸引住了。

十年前所编的那本书，我也会时时翻看。每当看到众多签名中，特立独行着一个可爱调皮的圆圈，都会忍俊不禁。这到底是谁心血来潮、灵光乍现？又有谁能告诉我答案？

（原载《光明日报》2017年5月19日第16版）

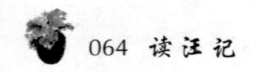

汪曾祺教我识草木

　　自己是从何时开始留意身边的草木的？年龄使然，开始知道珍惜了？或许是，但我更愿将这归功于汪曾祺先生。是他老人家的文字有魔力，悄无声息就把人改变了。

　　汪曾祺的文字中随处可见草木情状、可闻草木清香。草木牵动着他的心。他欣赏归有光《项脊轩志》的结尾："庭有枇杷树，吾妻死之年所手植也，今已亭亭如盖矣！"评价它说"平淡中包含几许惨恻，悠然不尽，是中国古文里的一个有名的结尾"。他在怀念恩师沈从文的《星斗其文，赤子其人》一文中也有这样的结尾："沈先生家有一盆虎耳草，种在一个椭圆形的小小钧窑盆里。很多人不认识这种草。这就是《边城》里翠翠在梦里采摘的那种草，沈先生喜欢的草。"这一结尾跟《项脊轩志》异曲同工，以草木寄情，让文章生出一股悠悠的余味。

他在《沽源》中写道:"在一处墙角竟发现了几丛波斯菊,这使我大为惊异了。波斯菊昆明是很常见的。每到夏秋之际,总是开出很多浅紫色的花。波斯菊花瓣单薄,叶细碎如小茴香,茎细长,微风吹拂,珊珊可爱。我原以为这种花只宜在土肥雨足的昆明生长,没想到它在这少雨多风的绝塞孤城也活下来了。当然,花小了,更单薄了,叶子稀疏了,它,伶仃萧瑟了。虽则是伶仃萧瑟,它还是竭力地放出浅紫浅紫的花来,为这座绝塞孤城增加了一分颜色,一点生气。谢谢你,波斯菊!"

如果你知道波斯菊是啥花,就能体会到汪先生的描述是多么精到!最后那句"谢谢你,波斯菊!"让人莞尔。为什么要谢?谢它的存在、它的柔美,谢与它的不期而遇?大概是在塞外高寒地带见到这种原本以为长在湿润地方的花草让他感动吧?这就是汪先生,心总是那么温软,走到哪里,都把目光投向哪里的草木。

波斯菊是什么花?原来就是格桑花!我也喜欢这种花。山野中常常与之不期然而遇,纤纤细细,摇曳在风中,别有一种动人之美。大片的格桑花更叫人神迷,人要是置身于大片格桑花丛中,就像做梦一般。

这些年读汪先生的文章,认识了多少草木?腊梅、紫薇、天竹、蜀葵、楝实、凤仙花、绣球、扶桑、晚饭花、木香花等,都是。

有的草木原本认识,只是叫不出名字,或叫得不对。比如可染指甲的凤仙花,年幼时家中院子里种过,田间地头也经常看到,开粉红、大红、白等各色花儿,有单瓣、复瓣之分,开花后结毛茸茸的椭圆形绿色小果实。那会儿我管它叫"假桃花",待看到汪先生对凤仙花的描述,才恍然大悟,原来它有这么个好听的名字。

汪先生有个集子叫《晚饭花集》。为什么叫"晚饭花"呢？因为其中选了一组名为"晚饭花"的小说，也因晚饭花同牵牛花、凤仙花、"死不了"一样平常普通，也有自谦的成分。汪先生的自序中有一大段对晚饭花的精彩描述，这里就不引了。那组以"晚饭花"命名的小说开头是这样的："晚饭花就是野茉莉。因为是在黄昏时开花，晚饭前后开得最为热闹，故又名晚饭花。"文中又接着引用吴其濬《植物名实图考》的相关记载："野茉莉，处处有之，极易繁衍。高二三尺，枝叶披纷，肥者可荫五六尺。花如茉莉而长大，其色多种易变。子如豆，深黑有细纹。中有瓤，白色，可作粉，故又名粉豆花。曝干作蔬，与马兰头相类。根大者如拳、黑硬，俚医以治吐血。"一篇小说，这样来开头，也是"散文化"了。他原也说过他的短篇小说企图"打破小说和散文的界限，简直近似随笔"的。这篇就是注脚。

这在普通人眼中随处可见、不上档次的晚饭花，在汪先生处就成了景，大书特书。这种花极常见，我只道是粉豆花，却原来又叫野茉莉、晚饭花。同一种花，三个名儿。

读汪先生最先认识的是腊梅花。他1987年写过一篇同题散文《腊梅花》，说他家后花园中有四棵汤碗口粗细的檀心腊梅树，每到冬天"满树繁花，黄灿灿地吐向冬日的晴空，那样的热热闹闹，又那样的安安静静，实在是一个不寻常的境界"。文中还写他年幼时上树折花枝、用细铜丝穿腊梅骨朵当珠花给祖母插戴的旧事，淡然幽然，别具风味。

汪先生好像极喜欢腊梅花，在文章中多有涉笔，也是他爱画的题材。

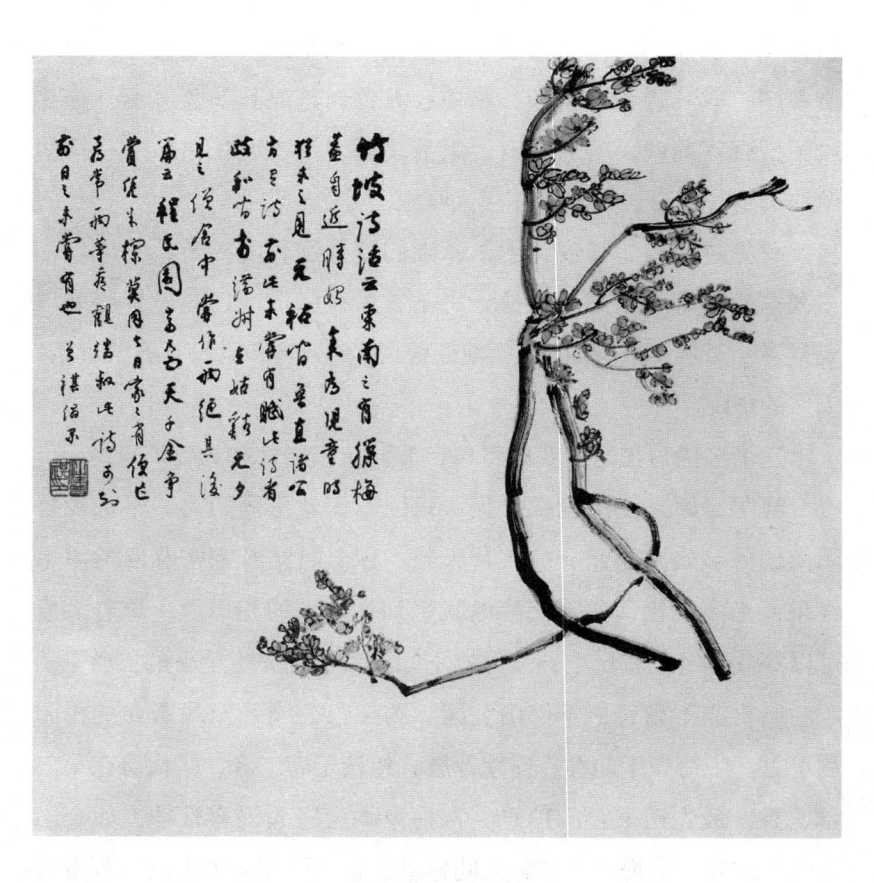

腊梅图　汪曾祺作

他1991年写过一篇随笔《岁朝清供》,开头即:"'岁朝清供'是中国画家爱画的题材。明清后画这个题目的尤其多。任伯年就画过不少幅。画里画的,实际生活供的,无非是这几样:天竹果、腊梅花、水仙花。有时为了填补空白,画里加两个香橼。'橼'谐音圆,取其吉利。水仙、腊梅、天竹,是取其颜色鲜丽。隆冬风厉,百卉凋残,晴窗坐对,眼目增明,是岁朝乐事。"这样明净的文字,赏心悦目,实在叫人叹服。

我见过他一幅《岁朝图》,画的就是腊梅配天竹,并题曰:"我家废园有大腊梅花数株,每于雪后摘腊梅朵以花丝穿缀配以天竹果一二颗奉祖母插戴。"他还曾说:"天竹和腊梅是春节胜景,天然的搭配。"

这诸多描写吊足了我的胃口,非要认识腊梅和天竹不可。

呵呵,原来济南也都常见,只因不识就形同陌路。千佛山公园南门外、旅游路北有一大片天竹,秋冬时结有密密麻麻的串串红果,艳丽无比,我曾糊涂地联想到是南国的相思豆,想着大概可以穿成手链戴着玩吧,却浑然不知那就是汪先生笔下的天竹。

腊梅亦不稀奇,千佛山公园、趵突泉公园乃至我所在的校园均可见。腊梅先于迎春、连翘开放,相较于后二者,腊梅贵在早、雅、香,最先送来春的信息。赏梅原本为骚人墨客雅趣,如今已成大众趣味,腊梅开花仿若人间盛事,总吸引那么多人前来观赏,闹闹纷纷的,这也算时代特色吧。

画中的香橼又是啥?《红楼梦》中刘姥姥二进大观园时,板儿和巧姐分别各拿佛手和香橼玩的,可因巧姐见了板儿的佛手,哭闹着要,二人遂作了交换,巧姐得着佛手随了心意,板儿也将

汪曾祺教我识草木　069

岁朝图　汪曾祺作

香橼像球一样踢着玩儿。这一细节还被刘心武先生解读为巧姐最终修得正果的象征。

翻字典、上百度查，原来这香橼类似丑橘的样子，略微呈椭圆形。取一两枚置盘中清供，足够提味。

汪先生多次言及木香花。《昆明的雨》中有诗云："莲花池外少行人，野店苔痕一寸深。浊酒一杯天过午，木香花湿雨沉沉。"《建文帝的下落》中记："亭前花木甚多，木香花大如小儿拳。"木香花什么样？一直存疑。

后来在我所就职的校园中看到一片叫不上名字的花，枝长细软，攀缘在栏杆上，四五月份开白色的花，一簇簇，开得挤挤挨挨、密密麻麻，走近便觉清香袭人。我一直不敢确定这是不是蔷薇花，后来一查，原来这便是木香花！木香花也属蔷薇科。

汪先生浑身巧思诗意，什么都可以入诗的（黄裳先生说汪曾祺不管何种形式的创作，其终极精神所寄是"诗"），他为家乡楝实写过诗："轻花淡紫殿余春，结实离离秋已深。倒挂西风鸦不食，绿珠一树雪封门。"短短四句，楝实春秋冬三季的样子都有了：晚春开淡紫小花，秋结果实如绿珠，鸦鸟不食，冬天大雪封门时依然倒挂枝头。我喜欢这首浑然天成的小诗，纳闷这楝实到底长啥样。原也见过！千佛山公园就有不少，杯口粗细，高高的，也不止一次见过它们结实离离的样子。只是对于不识的人，它的存在也就几近于零。

也是因读过汪先生的散文《紫薇》，方知痒痒树便是"紫薇"。紫薇也不只是紫色，还有粉的、白的，花期长达三个月，故又叫"百日红"。"百日红""紫薇"一俗一雅，真没想到是一种花。

金背大红　十丈珠帘　鹅毛　狮子头
一九八三年四月　曾祺写菊

　　也曾见过汪先生画的一幅菊图，笔墨浓淡间点染出四种菊花：金背大红，十丈珠帘，鹅毛，狮子头。此前哪里晓得菊花有这么多品种！

　　那年秋天，在颇负盛名的趵突泉公园菊花展上，果然开了眼，看到许多前所未见的菊花品种，金背大红、十丈珠帘都看到了！再来反观汪先生所画，真是传神！

　　汪先生说他父亲擅画菊花，能辨别、表现很多菊花品种，自己小时候经常站在父亲身边看他画画，这些辨别、表现菊花的本事大概自那时便学会了。

一个人的成长经历是不可复制的。汪先生博雅旁通、书画兼擅，让人叹服，想来这都是童子功，乃多年的浸染，岂是我辈三天两日能学得来的。他的好友邵燕祥先生说得好："这样的作家，是文化传统和时代潮流适逢其会地推出来的，不是随随便便'培养'和'造就'得出来的。"天生此人，世间仅有，可叹。

　　汪先生的见识这么广，自然是受到各种因素的影响，更可贵的是其性情修为。他对生活怀着那样一种温爱的情感，都投射到文字中去了。这也是汪先生的本事，他把人的心盘活了。

（原载《光明日报》2017年10月23日第16版）

汪迷苏北

一

  一个人受另一个人的影响，从而改写了人生，汪曾祺之于沈从文即是。汪曾祺说两本书定了他的终身——《沈从文小说选》和屠格涅夫的《猎人笔记》。及至进了西南联大，他成为沈从文的入室弟子，在精神上、写作上更是一生追随。

  苏北之于汪曾祺亦如此。苏北说："我大概一辈子不会离开汪先生了。"他还说："我能写一点东西，纯粹是汪先生阳光的照耀"；"汪先生的作品影响了我的人生观、世界观、价值观和生活趣味"。他还说："一个人对一件事情入迷，是一件多么幸福的事。"

  苏北在2009年出版了一本书，叫《一汪情深——回忆汪曾祺先生》（上海远东出版社）。此时距离汪曾祺去世已十二年。这本书可以说是苏北多年来追随汪曾祺的幸福告白——他说汪先生对他形成了"温暖的无边无际的包围"。

这本书挺有趣，不似学院派的正襟危坐、一板一眼，也不甚系统，而是一些回忆的片段，真实、生动、有趣地再现苏北同汪先生交往的一些细节，以及汪曾祺对苏北的种种影响。从中亦可看出，这温暖的包围那么厚实和久远。

苏北如今大约五十多了——记得他曾在一篇文章中感慨岁月不饶人之类的话，他对汪曾祺的追随有三十多年了。20世纪80年代中期，20出头的他还在天长县城的农行审计股当职员，不知怎样就迷上了汪曾祺，把那本《晚饭花集》抄来抄去，抄到四个大本子上。更神奇的是，他把这四个本子，莫名其妙地寄给了远在北京、与他没有任何交集的汪曾祺先生。一个文学青年对美的懵懂和狂热追求大抵如此吧。

汪曾祺在《对读者的感谢》一文中亦提及此事："我收到了一个包装得很整齐严实的邮包。书不像书，打开了，是四个笔记本。一个天长县的文学青年把我的一部分小说用钢笔抄了一遍！他还在行间用红笔加了圆点，在页边加了批，看来他是花了功夫学我的……这个'学生'，这样用功，还是很使我感动。"

汪先生去世后，这四个笔记本，由其子女寄还苏北。这四个笔记本，如今成为珍贵的纪念文物，也印证着苏北的痴迷。

1989年，苏北到鲁迅文学院进修，得以认识汪曾祺，并成为汪府的常客。他同汪先生喝过酒，吃过汪先生做的菜，受过汪先生的表扬和批评，汪先生为他的作品作过序，他也得到过汪先生的墨宝。

汪先生有一幅画题写"少年",是专给苏北的女儿陈浅的。噢,对了,苏北原姓陈,如今他在文坛以苏北行世,不少人可能并不晓得他真名,笔者向来也以"苏北老师"相称。"苏北"二字也有来头,因他到汪曾祺的家乡高邮一带的游走而获得。可见汪先生对他的感召力、影响力有多大。

苏北迷汪成癖。他有一个大影集,里边插的全是汪曾祺作品集的书影。汪先生的作品,每出一本他都买下,也不管是否重复。

苏北一直在忙,为汪曾祺先生忙。

继那本《一汪情深——回忆汪曾祺先生》之后,他又先后写出了《忆·读汪曾祺》和《汪曾祺闲话》等书,编辑出版了《汪曾祺早期逸文》《四时佳兴》《我们的汪曾祺》和《汪曾祺美食与草木散文》等书。在《人民日报》《光明日报》和《读书》等国内重要报刊发表了大量回忆和研读汪先生的文章。

2017 年是汪先生去世 20 周年,苏北更忙。"天下第一汪迷"不是徒有虚名。——参与各种有关汪曾祺的访谈,各种经他手编辑的汪先生的作品集的推广。时或看他在书店签售,旋即又出现在书展上。

二

我跟苏北老师的认识亦缘于汪曾祺先生。

那是 2005 年春天,我忽然接到一个陌生人的电话,自称苏北,夸我编的那套书①好。苏北很喜欢这套书，他后来专门买了一套，送给上海的黄裳先生，黄裳在给苏北的回信中说："山东画报把曾祺细切零卖了，好在曾祺厚实，可以分排骨、后腿……零卖，而且'佐料'加得不错，如《人间草木》。应该称赞是做了一件好事，我有曾祺的全集，但少翻动，不如这些'零售'本，方便且有趣。"

大概因此之故，那套书卖得不错，印了数次，在汪迷圈中反响不错。

我也由此知道汪曾祺有一大批拥趸者，想若能将这些人的文字收集起来，在汪先生去世十周年之际（2007年5月16日），出一本纪念集子，是很有意义的事。

此念头在心中徘徊，却苦于无从下手。苏北的电话恰好此时打来，他除了夸那套书，还说要寄本由高邮相关部门编的汪曾祺研究资料给我。想那书来自高邮——汪曾祺的故乡，自然十分渴盼。过几天书还没到，性急的我便打电话催要，不几天，书果然寄来了。正是那本高邮市文联与高邮市旅游局联合编辑的《风流秦游》。

我喜出望外，这本书上有许多新颖鲜活的资料！以此为线索，我辗转联系了该书副主编、高邮市文联的陈其昌老师。在陈老师的盛邀和推荐下，遂南下南京、高邮，得到诸多帮助，找到了想要的资料，选编了《你好，汪曾祺》一书。此书赶在汪曾祺先生去世十周年纪念日前印出，并于纪念日当天在高邮举行了首发式。

有些事儿就是这般因缘巧合，没有苏北的那个意料之外的来

---

① 汪曾祺的《文与画》《五味》等，山东画报出版社2005、2006年出版。

电,这本书到底能不能做出,真不好说。

我跟苏北老师见过几回。第一次是2007年,在高邮,汪曾祺先生去世十周年纪念会上。那次他还获了汪曾祺文学奖。之后他来济南出差,都会见面。有一次苏北来山东师范大学文学院作"为什么汪曾祺这么迷人"的讲座。苏北通知我说当晚同几位朋友小聚。他在合肥还没有坐上火车,就跟我说好去的时间。我按时去了,却足足等了三个多小时!(火车晚点)苏北风尘仆仆地从火车站赶来,带着夫人,拎着一个大行李箱。甫一坐定,他便从大箱子里掏出很多书——安徽文艺出版社给他新出的集子,还有他家乡的绿茶。一人一份。可以想见,那个大箱子得有多沉。

还有更巧的事儿。

去年秋天,女儿上高中后离家住校,我成为空巢妈妈,这给我带来极大的心理触动,情不自禁,写下一篇《离巢》,发在朋友圈中,引发不少共鸣。这篇小文写成后,我偶然又去翻苏北的散文集《那年秋夜》,他那篇写女儿上大学的,竟也叫《离巢》!那本书是苏北2011年4月12日送我的,写女儿的这篇我以前就读过,且印象极深,尤其是调换床铺的细节,心比头发丝儿还细。五年之后,我有了同样感受,提笔写来,用的竟是苏北的题目。若说是照抄,可冤死人了。

2015年12月11日,我写的散文《芋头》刊发在《光明日报》副刊上。在《光明日报》发文章,于我是头一遭,打开当天的报纸细看,苏北的那篇长文《汪曾祺写序》赫然在其上!我和苏北的名字竟出现在同一天的同一张报纸上,可算奇缘。

三

苏北有个观点：喜欢汪曾祺的人都有点文艺，有点雅。我想这也是他的夫子自道。追随一个人这么多年，能不受他的影响吗？一些东西早已融入生命里。

我给苏北老师看我写的东西，他随口就说，汪先生说要"含蓄"、要"短"。这大概也是苏北所追求的为文之道。

苏北老师的文字我有幸读过不少。除了那些写汪曾祺的，印象深的还有《厦门小记》《语言的衣裳》等，最近的那篇《被女孩咬过的苹果》，简直都分不清是小说还是散文——不知这是不是他有意为之，像汪先生那样，志在打破小说、散文的界线？

苏北对文字很在意的，也颇自信，他在给我的短笺中曾说："我的文字还是好的。因为比较真诚，不说大话。"此话诚然。苏北的文字好看，平易、真诚，让人感觉美好。

都是因为汪曾祺先生，苏北才成为现在这个样子的。

（原载《中华读书报》2017年12月6日第3版，有改动）

汪曾祺的书单

前段时间看到消息，说汪曾祺先生生前的书房已整体迁移至高邮的汪曾祺纪念馆中。作家苏北也写过《汪曾祺的书房》一文。想来书房是汪曾祺晚年住房条件改善后才有的。当年住房条件局促，写东西都和女儿共用一书桌，哪里还能有书房？他自己原也说过生性随便、不藏书、不做笔记之类的话，但这不能否认他绝对是个酷爱读书、饱读诗书、看重读书的人。临终前他住在医院里还要看书，要喝碧绿透亮的龙井，他叫陪护在身边的小女儿汪朝回家取眼镜、取茶。就在女儿离开时，他溘然长逝，令人唏嘘。活到老、写到老、读到老，是这位老人的真实写照。

读书贯穿于汪曾祺生命的每一个阶段。年少时自不待言（下文将提及），在西南联大读书时，他就是出了名的夜猫子，经常读书写作到后半夜，以至和同一宿舍按部就班作息的历史系刘姓同学几未谋面。

他从联大毕业后不久到上海（1946年秋至1948年初春），在简陋的"听水斋"中，亦是读书创作不止，一部《辞海》，一部《植物名实图考长编》，陪他度过许多闲适安静的时光。

1948年底初到北京，汪曾祺在沈从文的帮助下，在历史博物馆谋了份职员工作，在孤独寂寞中，他伴着午门的青灯长夜读书，"不知身在何世"。（《自报家门》）

在张家口劳动时期，他在高寒的沽源马铃薯研究站，除了画马铃薯图谱，更是进行海量阅读。读的是在一个小镇的新华书店中奇迹般购得的《梦溪笔谈》《容斋随笔》《癸巳类稿》《十驾斋养心录》等，还有一套郭茂倩的《乐府诗集》、一套商务印书馆铅印本的《四史》。（《读廉价书》）还说："我自成年后，读书读得最专心的，要算在沽源这一段时候。"（《马铃薯》）

1987年，汪曾祺到美国爱荷华参加为期三个月的国际写作计划，那是他第一次走出国门，作报告、访亲友、游历，各种忙活。即便再忙，他也不忘读书。就在临回家前的一星期，还写信给夫人施松卿说"我就看看书吧"，并列有书名。

凡跟他有过接触的人也多对他的博闻强识留有深刻印象。当年曾亲历过他在张家口农科所接受劳动改造的陈光楞有这样的描述："晚上，他多数时间是坐在小桌前读书。我不知道他从哪里搬来那么多的线装书。他一本一本地阅读，还执笔圈点。最常见的是他句读《诗经》。"（《昨日的故事》）

读书是暗功夫，是为一个人插上"隐形的翅膀"，一个人的气质是由读书多寡和读哪些书决定的。写作更是受阅读的影响。

汪先生专门写读书的文章并不多，大概只有《开卷有益》《读廉价书》《谈读杂书》《书到用时》等数篇。从中可以看出他大致的阅读史及对读书的态度，他主张随性读书、读杂书等。

本文所涉书单不是汪先生书房中的书，是常见于其笔下、对他产生过重要影响的书。梳理一下大致可分四类：传统文化、外国文学、杂学、民间文学。笔者试着从这方面入手，走进他的阅读世界，探讨阅读与写作在他这里有着怎样的呈现。

一、传统文化类

汪先生书画兼擅，古典诗文随手拈来，语言雅致精确，这与他深厚的传统文化底蕴有直接关系。这源于他在幼年的积淀。他说自己是在"温柔敦厚的诗教里长大"（《认识到的和没有认识的自己》）。汪曾祺十一二岁时便跟祖父读《论语》、背唐诗；跟韦子廉先生学桐城派古文，对他所传授的姚鼐《登泰山记》、方苞《左忠毅公逸事》、戴名世《画网巾先生传》等诸篇留有深刻印象，说自己的作品讲究文气就很受桐城派的影响。与此同时，还跟乡贤、名中医张仲陶读《史记》。"他教我的时候，我的面前放一本《史记》，他面前也有一本，但他并不怎么看，只是微闭着眼睛，朗朗地背诵一段，给我讲一段。（《一辈古人·张仲陶》）"初中时他又跟着老师高北溟读归有光、读郑板桥。说归有光"以轻淡的文笔写平常的人物，亲切而凄婉"，跟自己的气质很相近，"我现在的小说里还时时回响着归有光的余韵"；说郑板桥诗文中蔼然的仁者之心，使他深受感动。

小学、中学时代他大量读宋词,《漱玉词》《断肠词》《剑南诗钞》都读过。高中时还买过一部词学丛书,一首一首地抄,既练书法,又窥词意。他说词中的情绪应合了少年无端感伤的心,"到现在我的小说里还有一点隐隐约约的哀愁"。(《自报家门》)

除了幼年时的家传、中学时代的熏习,待到了大师云集的西南联大,汪曾祺更是接受着传统文化的深深浸染。他对面向新生的通识课《大一国文》大加叹赏,认为其选文独具匠心,对西南联大学子潇洒个性的塑造有着不可估量的影响。闻一多先生的"唐诗""楚辞"课,朱自清先生的"宋词",唐兰的"词选",王力先生的"诗法"课,杨振声先生的"汉魏六朝诗选"课,另还有"左传""史记""杜诗"诸课,都对年轻的汪曾祺有着潜移默化的影响。

这些跨越少年、青年时代的学习,助推着其名士气质的形成,也不断提升着他的文学素养。这些读过的书籍也不经意间就出现在他的笔下。比如在谈到文学创作的语言问题,汪曾祺常援引他所读过的书:说《史记》里用口语记述了很多人的对话,很生动;说《世说新语》以极简笔墨摹写人事,"全书的语言都很讲究",记录了很多人的对话,寥寥数语,风度宛然;说《陶庵梦忆》的语言生动,有很多关于风俗的描写。这样的例子随手拈来,如果不了然于胸,如何举得出!

汪先生的传统文化底蕴有多厚重,读其作品自然便可领会。此外,从金实秋编撰的《汪曾祺诗联品读》及《汪曾祺书画集》(汪先生去世后由其子女自费印刷)二书中亦可充分读出。在创作谈中,他也常建议年轻人多读一些古典作品,这实在是其经验之谈。

二、外国文学类

汪曾祺接触外国文学是在上大学前。高三时为避战乱,他躲在乡下的庵中,随身所带《沈从文小说选》和屠格涅夫的《猎人笔记》。日后他曾说这两本书改写了他的人生,引他走向文学道路,"屠格涅夫对人的同情,对自然的细致的观察给我很深的影响"(《西窗雨》)。但大批量地阅读西方文学作品则是在西南联大时期。那时阅读西方文学是年轻大学生的时尚,汪曾祺也不例外地受此风影响。但他读书从不人云亦云,而是有明显的喜好——他读与自己性情气质相近的。

这期间汪曾祺读过很多西方文学作品——尼采、伍尔夫、纪德等人的作品。他对伟大作家巴尔扎克提不起兴趣,说他总是站在读者之上,有些欺负读者;对托尔斯泰也不喜欢,直到四十多岁时才勉强读了《战争与和平》;对莫泊桑和欧·亨利也不感兴趣,说他们"耍了一辈子结构",但显得很笨,实际上是"被结构耍了"。他钟情于契诃夫、阿索林、海明威等,说契诃夫按照生活的样子写生活,喜欢散文化的结构,喜欢把文字丢来丢去的,这正是他的现代性所在;说阿索林的小说"是覆盖着阴影的小溪,安安静静的,同时又是活泼的、流动的"。他喜欢《尤利西斯》《追忆似水年华》等意识流式的长篇小说,说《追忆似水年华》"纤细、飘飘忽忽",还曾"野心勃勃"地打算写个像这样的自传性的长篇。

青年时代的汪曾祺深受西方现代主义、意识流的影响,甚或说是刻意摹仿追求,那时写就的小说《复仇》和《小学校的钟声》,就有这种意识流的味道,很空灵。曾有人认为他的小说是有点"洋"

的，应是指这一时期的作品。

　　写于 1992 年的散文《西窗雨》，可说是汪先生自述外国文学对他的影响及他对外国文学的态度。他认为年轻人写东西要多尝试，浓丽华美都不为过，不要一开始就流于平淡。但他也主张，要回到现实主义，回到民族传统，要纳外来于传统，融奇崛于平淡。想来这都是他的夫子自道。

三、杂书类

　　汪曾祺的儿女们说老头儿有三杂：看杂书、写杂文、吃杂食。这三个杂相辅相成。读书杂、涉猎广，写起东西来自然是触类旁通、气象万千。汪先生的笔下即便是谈文学，也是杂家气象，常常是古今中外、书画理论、戏曲俚俗纷至沓来，为他所用。北京有个青年问他："你的修养是怎么形成的？"他说："古今中外，乱七八糟"，并劝这个年轻人要广泛地吸收。

　　汪曾祺读杂书的兴趣大概始于十一二岁，那时他看了家中所藏的《岭表录异》《岭外代答》，就对笔记、游记类的书产生了浓厚兴趣。"这一类书的文字简练朴素而有情致，对我作品的语言风格是有影响的"（《开卷有益》）。笔者专门查了一下，《岭表录异》是本地理杂记，为唐人刘恂所撰，记述岭南异物异事，其中，记载最多的是岭南人的食物，尤其是各种鱼虾、海蟹、蚌蛤的形状、滋味和烹制方法，岭南人喜食的各类水果、禽虫也有记述，是研究唐代岭南地区少数民族经济、文化的重要文献；《岭外代答》为宋代地理名著，记载了宋代岭南地区（今两广一带）的社会经济、少数民族的生活风俗及物产资源、山川、古迹等情况。小小年纪就读此类书，令人咂舌。

汪曾祺在江阴南菁中学读高中时，常逛书摊，买一些便宜的一折八扣书。这一折八扣书多是供人消遣的笔记小说、杂书类，如《子不语》《夜雨秋灯录》《续齐谐记》等，还有余澹心的《板桥杂记》、冒辟疆的《影梅庵忆语》等。

西南联大自由宽容的学风给了他读杂书和不分时段读书的可能，翠湖图书馆、系图书馆、茶馆都留下他深夜苦读的身影。从《南昭国志》到福尔摩斯，逮着什么看什么，甚至读过讲验尸的《宋提刑洗冤录》等。

从西南联大毕业后在上海的两年，汪曾祺常和黄裳一起逛旧书摊。他买过扫叶山房的《景德镇陶录》、张岱的《陶庵梦忆》及万有文库汤显祖评本《董解元西厢记》等杂书。《董西厢》对他影响很大，他常在文章中引以为例："董解元把韵文运用得如此熟练，比用散文还要流畅自如，细致入微，神情毕肖。"（《小说笔谈》）

归纳一下，汪先生所读杂书大约可分为游记类、草木虫鱼类、饮食类、风俗节令类几大块，而这也多能对应到他的创作上，他的散文也大致分为这几类。

前文提到，汪先生喜欢游记类散文，始自年少时对《岭表录异》《岭外代答》的阅读。他本人也喜欢到各处游历，据有心人统计，中国的省份他大概只有一个青海没去过。所到之处也多留有文字，像《滇游新记》《天山行色》《湘行二记》《初访福建》等皆是。这些文字不只记山川、述里程，更重风景的人文意义，也大大提升了所游之地的文化品位。

草木虫鱼类文章也深得汪先生喜欢,他爱读也爱写这类文章。吴其濬的《植物名实图考长编》他多次提及,还在小说《晚饭花》的开头引用了原文。乡人王磐的《野菜谱》也甚得其心,给予很高的评价,说其有"人民性"。他常看法布尔的《昆虫记》,说从中知道知了是个聋子,着实高兴。为写瓢虫,汪曾祺曾专门写信给好友朱德熙,请他帮忙推荐一位昆虫专家以便请教,还借来《中国经济昆虫志·第五册·鞘翅目·瓢虫科》一书并通读。肯在这种书上花心思,自然也将相关内容反映在创作中,这一类散文在汪曾祺创作中也占有一定比重。

汪曾祺大学时代就读过元人食谱《饮膳正要》,甚至还饶有兴味地研究驴皮的制作。《随园食单》必定也读过,他曾批评袁枚只会吃不会做。为写一篇《宋朝人的吃喝》,遍检《东京梦华录》《都城纪胜》《西湖老人繁胜录》《梦粱录》《武林旧事》诸书,都没有发现宋朝人吃海参、鱼翅的记载,遂得出吃这种滋补性的高蛋白的海味,大概从明朝才开始的结论……汪先生谈吃的散文,写得活色生香、摇曳多姿,更为难得的是体现出的文化趣味,不是仅凭多吃几回便能为之的。

汪先生的很多作品就像是一幅幅动人的风俗画卷,《大淖记事》《岁寒三友》《受戒》等莫不如是。有评论家称其小说中有风俗画,他自己也不否认。他喜欢看风俗画,也爱看各种讲风俗的书。张择端的《清明上河图》他细细看过,那些讲风俗的书《荆楚岁时记》《一岁贺声》都爱翻翻,放在手头经常看的是《东京梦华录》(外四种——《都城纪胜》《西湖老人繁胜录》《梦粱录》《武林旧事》），认为"这样把记两宋风俗的书汇成一册，于翻检上极便，是值得感谢的"。像《梦溪笔谈》《容斋随笔》他都很感兴趣，尤其是那些有关各地民俗的记叙。

汪曾祺这样定义风俗："风俗是一个民族集体创作的生活的抒情诗"，风俗"反映了一个民族对生活的挚爱，对'活着'所感到的欢悦"。他还说："风俗中保留一个民族的常绿的童心，并对这种童心加以圣化。风俗使一个民族永不衰老。风俗是民族感情的重要组成部分。"对风俗有这么高的评价，其作品中充盈的那些浓郁的风俗、风情就不难理解了。

四、民间文艺类

汪曾祺笔下汪洋恣肆的杂家气象，除了有博采杂书的原因，还因受到民间文艺的浸润。当然这源于他独特的经历。1950年，他在《说说唱唱》《北京文艺》《民间文学》等刊物做编辑，还因组稿等事宜到各地采风、收集民歌，这让他有机会接触阅读大量的民间文艺作品。"语言文化的来源，一个是中国的古典作品，还有一个是民间文化，民歌、民间故事，特别是民歌。因为我编了几年民间文学，我大概读了上万首民歌，我很佩服，我觉得中国民间文学真是一个宝库。"（《小说的思想和语言》）他曾说过："敦煌变文、《云谣集杂曲子》、打枣杆、挂枝儿、吴歌乃至《白雪遗音》等等，是野菜。因为它新鲜。"（《四方食事·野菜》）这是汪先生对民间文艺的态度。

这样的渊源让汪先生在民间文艺方面有了很深的造诣。早在20

世纪50年代,他就写过《鲁迅对于民间文学的一些基本看法》,发表于《民间文学》1956年10月号。"文革"之后,发表的第一篇文章不是小说,而是有关甘肃民歌的论文《"花儿"的格律》,还写过《读民歌札记》《我和民间文学》等。他说过:"我甚至可以武断地说,不读一点民歌和民间故事,是不能成为一个好小说家的。"(《两栖杂述》)

汪曾祺和戏曲的缘分也深,他年少时学唱青衣,上大学唱过昆曲,20世纪60年代以后开始在北京京剧团做编剧,一做二十多年直至离休。这些经历都让他有机会接触不同的戏种,而戏曲也是民间文艺的主要形式。汪曾祺是著名的戏剧家,是样板戏《沙家浜》的主要改编者,创作了诸如《一匹布》《裘盛戎》《一捧雪》《大劈棺》等文学性极强的剧本,还写了不少戏曲方面的理论文章,被徐城北誉为"一脚梨园一脚文坛"。他自己也认为戏曲对其文学创作有着较大影响,有人说他的小说有"音乐感",他认为这与会唱几句京剧、昆曲,写过几个京剧剧本都有关系。

(原载《光明日报》2018年4月13日第16版,略有改动)

彩云散兮
——汪曾祺与杨毓珉

提起对汪曾祺影响大的人,很多人可能首先会想到沈从文。这无可厚非,连汪曾祺本人也这样认为。他是沈从文的入室弟子、得意门生,在精神上、写作上一生追随。不仅如此,沈从文对他人生道路的选择也有影响,他在上海致远中学教书、在午门的历史博物馆当职员,都是沈先生直接或间接的推荐。还有一个人对汪曾祺的影响也很大,而这个人却往往被忽略。他就是杨毓珉,汪曾祺西南联大时期的同窗好友、北京京剧团的同事。二人相交达半个多世纪,他总是在关键时刻拉汪曾祺一把。这一把,对一个作家而言,改变的不仅是人生轨迹,还有在文学创作上的深远意义。

汪曾祺《谈师友》封面图

一、他是"比汪曾祺写得还要好"的当事人

汪曾祺在西南联大时就以才子名，颇受一些老师的嘉许，这其中就有闻一多先生。闻先生给他们上"楚辞""唐诗""古代神话"等课。闻先生上课很有派头，开场白总是"痛饮酒，熟读《离骚》，方可为名士"；闻先生上课时允许学生抽烟，师生一起喷云吐雾。闻一多和汪曾祺可以说师生互为欣赏，彼此间可直言。闻一多"俯冲"过汪曾祺不问政治、过于颓废，汪曾祺也"高射"过闻先生过于热衷政治。

最让汪曾祺津津乐道的是，他曾替一位同学当"枪手"，写过一篇读书报告，颇受闻一多称赏："你的报告写得很好，比汪曾祺写得还要好！"这位同学就是杨毓珉。西南联大一般课程都不考试，只于学期终了交一篇读书报告即可。其时，杨毓珉修习闻一多的"唐诗研究"，因排戏等原因，无暇应付作业，便找汪曾祺代写。

让人想不到的是，时隔五十余年后，杨毓珉又找出这篇文章的底稿——《黑罂粟花——李贺歌诗编读后》，让其大白于天下。[①]半个多世纪的颠沛流离，世事沧桑，这篇读书报告一直伴随在杨毓珉身边，没有化为烟尘，堪称奇迹，也足见杨毓珉的用心良苦和对其珍视的程度。而当它被重新发现时，汪曾祺已经驾鹤西去了。

在西南联大，杨毓珉比汪曾祺低一级。二人曾同住联大25号新校舍，都爱好文艺，曾一起修习浦江清的"曲选"课。据杨毓珉回忆："1942年的下学期，我们同时听一堂《中国文学史概论》的课，讲到词曲部分，老师和学生一起拍曲子(唱昆曲)。曾祺很聪明，他能看着工尺谱吹笛子，朱德熙唱旦角，我跟他们学着唱。我记得最常唱的曲子是《思凡》，德熙唱的那几句'小尼姑年方二八，正青春被师傅削去了头发……'真是缠绵凄婉、楚楚动人。"（杨毓珉《往事如烟——怀念故友汪曾祺》）

1942年春，汪曾祺、杨毓珉及同宿舍的哲学系同学周大奎一同组织"山海云剧社"，曾演出过曹禺的《北京人》《家》等剧。汪曾祺后来的散文《后台》（1992年），写的大概就是对这一段演戏生活的回忆。

[①] 文章全文见汪朗等著《老头儿汪曾祺——我们眼中的父亲》，中国人民大学出版社2000年版，第26—27页。

1943年下学期，二人搬出联大25号的宿舍，在民强巷租了一间房子。汪曾祺在此可以随心所欲地读书写作，几乎夜夜都当夜猫子，常常是听到邻居家的鸭子嘎嘎地叫起来，天已蒙蒙亮时，他才睡去（汪曾祺《觅我游踪五十年》）。之所以有钱租房子，靠的是杨毓珉的刻图章手艺。杨在上西南联大前，曾在昆明国立艺专国画系读书，学过篆刻。这让他们一个月有四五十元的收入，可免于吃联大食堂掺有沙子、谷糠的"八宝饭"了。

　　昆明七载，云水悠悠，汪曾祺与杨毓珉在西南联大结缘，遂生出千丝万缕的关系，此后一生都与此人相系相干，不能不让人感叹。

二、汪曾祺的第一份工作，是杨毓珉推荐的

　　1944年夏，汪曾祺在读了五年大学后，没有拿到毕业证，从西南联大肄业了。这段时间他仍住在民强巷，工作没着落，没钱吃饭，用他自己的话说，"真是落拓到了极点"。这年秋天从前线当译员的杨毓珉返回昆明，去看望汪曾祺："他已搬到从前周大奎住的那间五平方米的小房子里，真可谓家徒四壁，屋里只有一张三屉桌、一个方凳，墙角堆了一床破棉絮、几本旧书。原来此公白天在桌上写文章，晚上裹一床旧棉絮，连铺带盖地蜷缩在这张三屉桌上。看起来能卖的都在夜市上卖了，肯定时不时还要饿几餐饭。"（杨毓珉《往事如烟——怀念故友汪曾祺》）

　　看到汪曾祺如此不堪，杨毓珉质问时任中国建设中学校长的联大同学周大奎："你们为什么不去看看汪曾祺？"三人原本同一个宿舍住过，一起创办过"山海云"剧社。随后汪曾祺就当了

该校教员。这是他离开大学后的第一份工作,实因于杨毓珉的举荐。

中国建设中学校址起先在昆明北郊观音寺,后迁往黄土坡的白马庙。条件并不好,微薄的薪水没有保障,还时常断粮,时不时要挖野菜充饥。但汪曾祺的生活暂时得以安顿,他可以静下心来读书写作。这段时间他写下《复仇》(第二稿)、《老鲁》等小说,后来发表在上海的《文艺复兴》杂志上。他还常读《庄子》,大概与此时的落寞心境不无关系。重要的是,在这里他遇到了人生的伴侣施松卿——他们恋爱了。施松卿是福建长乐人,西南联大外文系毕业后也在中国建设中学任教。两人一道看电影,还养过几天军马,这应算是那段清苦日子的一抹亮色吧。

杨毓珉毕业后也来到中国建设中学,担任教导主任,二人遂由同学成为同事。汪曾祺在后来的文章中还写过杨毓珉当美军译员时的毛料裤子被盗的细节。在中国建设中学任教只有短短两年,却是汪曾祺迈向社会大舞台的第一步,也是他在昆明生活的延续,因此才有了后来"七载云烟"的回忆,他还写下《观音寺》《白马庙》等篇章,真实再现了那段时光。

三、杨毓珉把汪曾祺拉进文联系统

1948年春,汪曾祺离开上海,来到北京,与恋人施松卿团聚。先是失业半年,寄居在沙滩北京大学宿舍,后又在沈从文的帮助下,找到一份在午门的历史博物馆当职员的工作,保管仓库,为藏品写说明卡片。这段日子从1948年夏天持续到1949年春天,为他留下《午门忆旧》《午门》等文章。可汪曾祺并不喜欢这份工作,他的心里藏着写作的冲动,想下去体验生活,写出能反映新时代面貌的作品来。1949年3月遂报名参军,参加"四野"南下工作团,原本计划一直随军南下的,不曾想走到武汉就被转入地方,先在文教局工作,后负责接管一所女子中学,他在其中任副教导主任。这与当初体验生活的愿望相悖,又因逗留武汉与施松卿两地分居,一时回京无望,处境有些艰难。

1950年初,杨毓珉从湘西辗转至北京,在北京文化处任职(文联系统)。他打听到施松卿的住处,施松卿将汪曾祺随"四野"南下、滞留武汉的窘况如实相告,杨毓珉热情相助。他去找时任北京文化处副处长的王松声(他们是西南联大的校友),提及汪曾祺,王松声表示欢迎,"一封商调函曾祺便于一个月后回到北京"。(杨毓珉《往事如烟——怀念故友汪曾祺》)

王松声的回忆略微有些不同:"我和汪曾祺、杨毓珉都是西南联大的同学。解放初期我负责北京文委工作,一天,杨毓珉在大街上巧遇同窗汪曾祺,于是把他领到我的办公室介绍给我,并说汪曾祺也愿意来文联工作。我说,那好啊,本来我是一句客套话,没想到,杨毓珉却当真了,他把汪曾祺领到人事科说松声同志已同意汪曾祺来文联工作了。那时的人事制度不健全,原本也没当回事的汪曾祺就这么简单地成了文联中的一员。"(徐强著《汪曾祺年谱长编》未刊稿)

昆明一别,时隔四年,杨毓珉与汪曾祺又成为同事,还住到同一个宿舍里。杨毓珉在文化处负责戏剧工作,汪曾祺在文联编《说说唱唱》《北京文艺》。

1955年2月,汪曾祺调到中国民间文艺研究会工作,参与筹备《民间文学》创刊工作。这期间他担任编辑部主任,直到1958年下放到张家口农科所劳动。

从1950年初回到北京,到1958年去张家口劳动改造,汪曾祺在北京市文联系统及中国民间文艺研究会两个部门工作不到十年。其间,他有机会大量接触民间文学,拓宽了视野,极大地提升了他的文学素养、丰富了他的积累。日后他能成为一位特色鲜明的作家,写成《鲁迅对于民间文学的一些基本看法》《读民歌札记》《"花儿"的格律》《我和民间文学》等有关民间文学的文章,都与这段经历密不可分。民间文学深深地滋养了他,影响到他的语言、创作观等诸多方面。他的写作跌宕多姿、焕发异彩,随处可见民间文学的鲜活影子;他视民间文学为一大宝库,多次奉劝年轻人,从事写作,一定要向人民大众取经,向民间文学学习。汪曾祺以"杂家"名,这段经历无疑加深了他的杂家气象。

四、他把汪曾祺领进了戏剧界的大门

1961年底,已摘右派帽子、尚滞留在张家口的汪曾祺写信给杨毓珉,说生活已归于平静,但北京没有接收单位。那时杨毓珉已经调到北京京剧团任艺术室主任,他跟剧团党委书记薛恩厚、副团长肖甲商量,把汪曾祺调到北京京剧团,他们都同意。只是当时省与市的人事调动,必须通过市人事局。事有凑巧,北京人事局局长孙房山是个戏迷,喜欢业余写京剧剧本,所写剧本《河伯娶妇》《洛阳宫》在北京京剧团演出过,跟杨毓珉很熟,所以跟他一说,他满口答应,于是汪曾祺又被调回北京,

到京剧团做专职编剧。(杨毓珉《往事如烟——怀念故友汪曾祺》)

对此,当时还在上高中、后来成为汪曾祺朋友的徐城北也有记录:

> 50年代末,在我还上高中时,就知道他从张家口调进北京京剧团。他能够走出这一步很不易,不但回北京,并且是回到一个相当'有名'的环境,肯定需要'得遇好人'。'好人'谁耶? 首先是杨毓珉了。他是汪在西南联大时的同学,是剧团当中的党员编剧,但'业务'赶不上汪。是杨主动向上级推荐了汪,才使汪得以回到北京,有了这样一个相当舒适又相当'保险'的安身之所。
> (徐城北《汪曾祺的遗愿》)

汪曾祺做专职编剧二十年,这期间他跟杨毓珉又成为同事。为改沪剧《芦荡火种》为样板戏《沙家浜》,他们曾一同入住颐和园龙王庙;剧本《杜鹃山》也由汪曾祺和杨毓珉等人集体讨论分场执笔写成;为写《草原游击队》,二人一起下过内蒙古,在草原上由西到东,走了一千多里路,最后不了了之。汪曾祺受邀上天安门是在1970年5月21日,前一晚接到消息时,他正忙着为《红旗》杂志赶写《沙家浜》的文章,他对军代表说:"那文章怎么办,能不能叫杨毓珉去?"田广文说:"什么事儿先都放下,这件事别人怎么能代替。"

20世纪80年代后,汪曾祺在文坛复出,享有盛名。或许盛名之下更易招惹麻烦,晚年的汪曾祺摊上一桩堵心事。原因是,江苏文艺出版社1993年出版的《汪曾祺文集》之戏曲剧本卷,所收《沙家浜》剧本署名时未标原作者名字，被告侵权。此事媒体介入，闹得沸沸扬扬，让晚年的汪曾祺大为不快。为此他多次打电话给杨毓珉——当年他们曾一起走过那段编剧岁月，又共同参与《沙家浜》的改编。杨毓珉百般宽慰，为澄清事实，他写下《也说京剧〈沙家浜〉剧本署名纠纷》一文，刊登在《戏剧电影报》上，以历年出版的剧本和历次演出广告为证，说明并不存在故意侵权的事实。这场官司以汪曾祺的突然离世而告终，不了了之，却让人看出荒谬苍凉的人生况味。

汪曾祺一生创作总量三百万字左右，戏曲创作仅占十分之一，却花了二十年时间，给他带来盛名的小说和散文创作占十分之九，却大多是在六十岁以后的十几年中写成，实在是令人感慨。

编剧生涯的副产品就是他后来创作了大量戏曲题材的散文（笔者曾选编过一本汪曾祺《说戏》[①]，其中所收都是与戏曲相关的文章）。多年的剧本创作实践对其语言、构思都是一种锤炼，汪曾祺在《两栖杂述》《我是怎样和戏曲结缘的》中对此都有详细的论述。他在文坛上独树一帜，成为"一脚梨园、一脚文坛"的两栖类作家，杨毓珉功不可没。

---

① 汪曾祺《说戏》，山东画报出版社2006年版。

五、《受戒》发表与杨毓珉有关

《受戒》于 1980 年在《北京文学》发表后，开文坛新风，好评如潮，汪曾祺的文学之路由此走向高峰。《受戒》写的是"小和尚的恋爱故事"，在当时的环境下，此类作品属"异类"，发表是有难度的。而最终得以刊发，也与杨毓珉相关。

或许是嗅到了文艺界的新鲜气息，或许是在心中酝酿了二三十年的东西已经憋不住了，在"文革"之后的空挂期，小说《受戒》腹稿已开始酝酿。初稿写好后，周围的不少同事都先读过。"张滨江听他讲过《受戒》的故事，同事梁清濂读过《受戒》初稿后，曾惊讶地说，小说还能这么写？她给杨毓珉看：'我不懂，你看能发表吗？'杨毓珉在一次会上介绍《受戒》的内容，引起在场的《北京文学》编辑部负责人李清泉的注意。杨说：'这小说现在各报刊不会发表的。'李清泉散会后说：'我要看看。'就沿着这条线索索取《受戒》发表。"（陈徒手的《汪曾祺的"文革"十年》）

《老头儿汪曾祺——我们眼中的父亲》一书中对此也有记述："《受戒》的发表缘于十分偶然的机会。7 月的一天，北京市文化局系统召开各单位党员干部座谈会，杨毓珉偶然谈到了《受戒》。说是汪曾祺写了一篇这样的东西，写得很美，但是恐怕难以发表。说者无心，听者有意。在场的《北京文艺》主编李清泉知道此事，非要把《受戒》拿来看看……爸爸将《受戒》定稿转交给了李清泉，还附了一个短柬，说发表这样的作品是需要一些胆量的……"

世间事就这般因缘巧合，假若没有杨毓珉的介绍，没有遇到李清泉这样思想解放、有胆有识的主编,《受戒》的命运真不好说。笔者认为,杨毓珉之所以能在会上提及《受戒》,恰说明他私底下对这篇作品的认可与喜欢,以及对它前途未卜的担忧,或许他是有意无意地在公开场合为此作品投石问路。

综上可见,在汪曾祺人生的每一个关键路口,都有杨毓珉从中相助。杨毓珉在《往事如烟——怀念故友汪曾祺》一文中谈到,在昆明、武汉、张家口,汪曾祺之所以能重新回到文艺圈,都与他的举荐相关,他这么做完全是出于爱才,而汪"就像一粒生命力很强的种子,撒在哪里就在哪里开花结果,在苦风疾雨中成长壮大,他一生坎坷,直到六十岁以后才安心从事创作,却依然为我们留下几百万字的不朽佳作。"这真是极为精当的评价。

出于爱才,杨毓珉每每提携相助,而汪曾祺也总是凭借自己的才干,在每一步都有非凡的表现。一个人要想成事,须得有才干,还得有贵人相助,而杨正是汪的贵人。汪曾祺与杨毓珉,是同学、同事,更是一生挚交。

六、情意绵长,彩云散兮

杨毓珉擅长刻印,汪曾祺的数方闲章、名章出自他之手。"人书俱老""岭上多白云"都是。这两方闲章甚得汪曾祺喜爱,他晚年的很多书画作品,都钤有这两个章。这两方闲章都刻有杨毓珉题的边款:"人书俱老"章题"此乃孙过庭书谱语,曾祺当之无愧",从中可见杨毓珉对汪曾祺的欣赏;"岭上多白云"章上题:"相逢语转少,不见忆偏深。滇海桃源梦,京华菊圃吟。

西风寒蝉噤,落日暮云新。半世只一瞬,苍苍白发人"。其时两位老友都已年过七十,可谓历经磨难,沧桑阅尽,这首题诗浓缩了他们交往的大半个世纪,感慨沉痛深切。

汪曾祺曾做过一首长诗《毓珉治印歌》:"少年刻印换酒钱,润例高悬五华山。非秦非汉非今古,放笔挥刀气如虎。四十年来劳案牍,钢刀生锈铜生绿。十年大乱幸苟全,谁复商量到管弦?即今宇内承平日,当年豪气未能遏。浪游迹遍江湖海,偶逢佳石倾囊买。少年积习未能消,老眼酒酣再奏刀。晚岁渐于诗律细,摹古时时出新意。亦秦亦汉亦文何,方寸青田大天地。大巧若拙见精神,自古金石能寿人。"长诗对杨毓珉的刻印叹赏有加,赞其"自成一家,奔放蕴藉间有之",对其历经坎坷终于迎来新时期也充满感怀。长诗书于1986年10月,杨毓珉甚为珍爱,装裱后挂在家中,后收录在《汪曾祺书画集》中。

1997年4月底,西南联大成立六十周年。杨毓珉借机邀汪曾祺及其他联大校友小聚,因汪曾祺去了四川五粮液酒厂,未能参加聚会。5月初,汪曾祺因病住院。杨毓珉听说后就要去医院看望,就在要动身之际却传来汪曾祺病故的噩耗。两位老友没能见上最后一面,杨毓珉追悔莫及,写下挽联:"昆明湖边、莲花池畔,警报声声学坟典,早已是锥在囊中锋芒初现;燕京大地、御街宫墙,红旗猎猎写华章,谁不夸神超象外翰墨飘香。"后来又写成长文《往事如烟——怀念故友汪曾祺》[1],深情回忆了他们二人长达半个多世纪的友情。

---

[1] 载于《中国京剧》,1997年第四期。

一年半后，杨毓珉病逝。两位历经沧桑的老友，又相聚了吧。琉璃化成泥，彩云散朝夕……

（原载《名作欣赏》2018 年第 9 期）

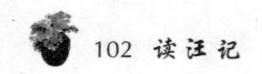

他的小说混合着美丽与悲凉
——汪曾祺笔下的鲁迅

汪曾祺在列举对自己产生影响较大的现代作家时,常把鲁迅和沈从文并提,并把他排在沈从文的前头。其实鲁迅生前跟汪曾祺并没有交集,汪曾祺也并未写下多篇有关鲁迅的文章(只有一篇,而他写过多篇谈沈从文的文章),但其笔下时时有鲁迅的影子。汪曾祺视鲁迅为写作上的导师,从他那里汲取诸多营养。在阐述自己的创作观时,他常常援引鲁迅为例,可见对其作品的熟稔程度。他坦承:"中国现代作家的作品我读得比较熟的是鲁迅。我在下放劳动期间,曾发愿将鲁迅的小说和散文像金圣叹批《水浒》那样,逐句逐段地加以批注。搞了两篇,因故未竟其事。"(《谈风格》)他原是读书随性的人,如此用心确乎难得见。汪曾祺是从哪个角度来接受鲁迅的?鲁迅在其笔下有着怎样的呈现?笔者从其诸多论述中撷拾一二，以期对我们深入理解汪曾祺、阅读鲁迅有所助益。

鲁迅的书信、日记，都是好文章

汪曾祺对语言高度重视，把语言看得高于一切。他说写小说就是写语言，语言是内容，也是形式。在他的创作谈中，专门谈语言的最多，不下六篇：《揉面——谈语言》《文学语言杂谈》《关于小说语言（札记）》《小说的思想和语言》《中国文学的语言问题》《学话常谈》等都是。有些文章虽不专门谈语言，但对语言多有所涉及，像《小说笔谈》《小说创作随谈》《小说技巧常谈》等。他认为语言的唯一标准就是准确。"准确就是把你对周围世界、对那个人的观察、感受，找到那个最合适的词儿表达出来。这种语言，有时候是所谓人人都能说的，但是别人没有这样写过的。"（《文学语言杂谈》）他认为鲁迅在这方面堪称范例："鲁迅用字至切，然所用多为常人语也。"他以鲁迅的作品为例："鲁迅的《药》这样描写枯草：'枯草支支直立，有如铜丝。'大概还没有一个人用'铜丝'来形容稀疏瘦硬的秋草。《高老夫子》里有这样几句话：'我没有再教下去的意思。女学堂真不知道要闹成什么样子。我辈正经人，确乎犯不上酱在一起……''酱在一起'，真是妙绝。"（《揉面》）

小说《祝福》中"四叔"和"我"谈话不投机，"于是不多久，我便一个人剩在书房里"，汪曾祺认为这"剩"字用得好，并专为此写下一段长长的注释，说表达了"一种说不出来的孤寂无聊之感"。（《关于小说语言（札记）》）

在《传神》一文中，汪曾祺认为写人免不了要给人物画像，而画像最好的办法就是写他的眼睛。他以鲁迅的《祝福》为例，说文中两处言及祥林嫂的眼睛："顺着眼"和"间或一轮"，他认为这很"传神"，生动刻画了祥林嫂的神情和她悲惨的遭遇。

《采薇》中伯夷、叔齐的对话用的是单音词"苦……粗……"，很口语化、生活化，汪曾祺认为若改成双音词"苦涩……粗糙……"鲁迅的特有的温和的讽刺，鲁迅的幽默感，全都完了！（《关于小说语言（札记）》）

汪曾祺有个观点，认为研究创作的内部规律，探索作者的思维方式、心理结构，不能不玩味作者的语言。而他对鲁迅的研究，正是从语言这一视角切入，他对鲁迅的语言是下过一番功夫、做过一番玩味的。汪曾祺认为作家应该随时锻炼自己的语言，写一封信、一个便条、甚至一个检查，也要力求语言准确合度。他曾由衷地叹曰："鲁迅的书信、日记，都是好文章。"（《揉面》）

诸多文学命题都以鲁迅为例

谈到风格问题，汪曾祺认为每个作者都应有自己的风格，可以不用署名，一看就知是某人的作品。但就一个人而言，因所写题材、人物不同，对所写人物的情感态度不同，也会有不同的风格和调子。他又以鲁迅为例："你看看鲁迅的作品，他的语言风格，一看就可以看出，但是鲁迅的语言风格也不是一样的。比如他写《社戏》，写《故乡》，包括写《祝福》，他对他笔下所写的人物充满了温情，笔调又充满苍凉感，或者说悲凉感。但是他写高老夫子，特别是写四铭，所使用的语言是相当尖刻，甚至是恶毒的，因为他对这些人深恶痛绝，特别是对四铭那种人非常讨厌，所以他用的语言不完全一样。"（《文学语言杂谈》）

　　小说的现代化是汪曾祺一直探求的文学命题。在他看来，散文化小说是现代小说的种类之一，早在1986年他就写下《小说的散文化》一文。他认为散文化小说一般不写重大题材，不大能容纳过于严肃的、严峻的思想。"许多严酷的现实，经过散文化的处理，就会失去原有的硬度。"他认为鲁迅的创作就是如此："鲁迅的《故乡》写得很不集中。《社戏》是小说么？但是鲁迅并没有把它收在专收散文的《朝花夕拾》里，而是收在小说集里的。""鲁迅是个性格复杂的人，一方面，他是一个孤独、悲愤的斗士，同时又极富柔情。《故乡》《社戏》里有一种说不出来的惆怅和凄凉，如同秋水黄昏。"（《小说的散文化》）

　　谈到虚构问题，汪曾祺认为小说就是虚构，但虚构要有生活根据，要合乎情理。他认为《阿Q正传》正是如此："《阿Q正传》整个儿是虚构的，但是阿Q有原型。阿Q在被判刑的供状上画了一个圆圈，竭力想画得圆，这情节于可笑中令人深深悲痛。竭力想把圈画得圆，这当然是虚构，是鲁迅的想象。但是不识字的愚民不会在一切需要画押的文书上画押，只能画一个圆圈（或画一个'十'字）却是千真万确的。这一点不是任意虚构。因此，真实。"（《小说陈言》）

　　谈到作品主题，汪曾祺说，每个作家大致总有一个贯串性的主题：沈从文作品贯串性的主题是"民族品德的发现和重造"，契诃夫的贯串性主题是"反庸俗"，鲁迅作品的贯串性主题是"揭

示社会的病痛，引起疗救的注意"。（《小说的思想和语言》）

谈到文学的作用，汪曾祺认为是"使这个世界更诗化"。他言及：鲁迅曾说过，画家可以画花，画水果，但不能画毛毛虫，画大便。丑的东西总是使人不愉快的。

综上可见，汪曾祺视鲁迅为文学大家。他对鲁迅的接受阅读主要是从文学艺术的角度。他谈语言、谈风格、谈主题、谈虚构、谈小说的散文化等，都援引鲁迅来支撑观点、说明问题。他说："中国五十年代以前的短篇小说作家不受鲁迅影响的，几乎没有。近年来研究鲁迅的谈鲁迅的思想的较多，谈艺术技巧的少。现在有些年轻人已经读不懂鲁迅的书，不知鲁迅的作品好在哪里了。看来宣传艺术家鲁迅，还是我们的责任。这一课必须补上。"（《谈风格》）这段话既有现实针对性——目前年轻人读不懂鲁迅，也有些夫子自道的意味，他本人正是从艺术这个角度来阅读鲁迅并深受其影响的。

《朝花夕拾》每篇都洋溢着罗汉豆的清香

20世纪80年代，汪曾祺在文坛复出，创作了系列以故乡高邮为背景的小说——《异秉》《受戒》《大淖记事》《岁寒三友》等。这些小说风格独特，充满浓郁的地方风情，有人据此说他的小说里有风俗画，有人干脆就说他是风俗画作家。对此他都没有否认，并专门写下《谈谈风俗画》（1984年）一文，对小说中的风俗描写谈了自己的观点。他说喜欢看风俗画，喜欢看动物题材的《老鼠嫁女》："如鲁迅先生所说，所有俨然穿着人的衣服的鼠类，都尖头尖脑的非常有趣。""我对风俗有兴趣,是因为我觉得它很美。"他以为风俗是一个民族集体创作的生活的抒情诗,反映了一个民族对生活的挚爱,对"活着"所感到的欣悦。"风俗中保留一个民族的常绿的童心,并对这种童心加以圣化。风俗使一个民族永不衰老。风俗是民族感情的重要的组成部分。"(这些话是我看到的关于风俗的最美的、最抒情的阐释。)他认为,小说里写风俗,不是为写风俗而写风俗,目的还是写人。"写一点儿风俗画,对增加作品的生活气息、乡土气息是有帮助的。""风俗化小说"在汪曾祺看来不是个贬词,他认为沈从文的《边城》如果不是几次写到端午节赛龙船,便不会有那样浓郁的色彩。他说鲁迅的作品《故乡》《社戏》《祝福》,都是风俗画的典范,"《朝花夕拾》每篇都洋溢着罗汉豆的清香"。

汪曾祺经常把鲁迅、沈从文相提并论。他认为在风俗画描绘方面堪与沈从文比肩的,唯有鲁迅。在《与友人谈沈从文》一文中,他说"沈从文是一个风景画的大师,一个横绝一代,无与伦比的风景画家。——除了鲁迅的《故乡》《社戏》,还没有人画出过这样的中国作风,中国气派的风景画"。

在他看来,沈从文那些以湘西为背景的作品中有鲁迅的影子。"读沈先生的作品常令人想起鲁迅的作品,想起《故乡》《社戏》(沈先生最初拿笔,就是受了鲁迅以农村回忆为题材的小说的影响,思想上也必然受其影响)。他们所写的都是一个贫穷而衰弱的农村。地方是很美的,人民勤劳而朴素,他们的心灵也是那样高尚美好,然而却在一种无望的情况中辛苦麻木地生活着。鲁迅的心是悲凉的。他的小说就混合着美丽与悲凉……"(《沈从文的寂寞——

浅谈他的散文》）

他曾生活在丰富的民间文学的感性世界中

《鲁迅对于民间文学的一些基本看法》原载1956年10月号的《民间文学》，是汪曾祺所写的唯一一篇有关鲁迅的文章，其时他正担任《民间文学》的编辑工作。他选取民间文学这个角度来解读鲁迅，认为鲁迅的创作深受民间文学的影响。一方面是与工作相关，所谓干什么吆喝什么，另一方面可以看出汪曾祺很早就意识到民间文学对文学创作的积极意义，这与他后来的思想是一脉相承的。汪曾祺后来视民间文学为一大宝库，坦承其创作深受民间文化的滋养，并经常奉劝年轻人多向人民大众学习、多读一些民间文学，以提高自己的文学素养。

他认为鲁迅先生对民间文学的看法，"常常达到不可比拟的深刻性和战斗性"。在他看来，鲁迅对民间文学有着丰富的感性知识，民间文学曾经深深地滋养过他，他的《社戏》《无常》《五猖会》以及《朝花夕拾》的《后记》等都是"充满深情的记述民间文艺生活和作品的极有思想性的文章"。他认为鲁迅对民间文学的贡献主要有三方面：一是视民间文学为"生产者的文学"，他认为这一定义是"具有科学的精确性的"，因为"民间文学，从其全体上看来，它的产生的背景和最基本的主题，是：劳动"。二是承认民间文学在艺术上的优越性——刚健、清新。汪曾祺认为很多人对民间文学都缺乏了解，而且存在不同程度的轻视，把民间文学置于不适当的位置，是鲁迅先生把它摆正了。三是他赞赏鲁迅对民间文学的态度——整理、加工，生出新的艺术、新的形式。他认为鲁迅的《故事新编》有加工、改编、创作，是成功整理民间文学的范例。"故事新编有许多借题发挥的情节，但是除去这些之外，还是忠实于原来的传说和史料，并且发挥出原材料的精神的；用鲁迅先生自己的说法，就是'没有把古人写得更死'。"

他认为鲁迅先生之所以能深刻地认识民间文学，是因为他在精神上和人民有着深刻的联系，还因为"他曾经生活在丰富的民间文学的感性世界之中，对民间文学有着广泛的知识和兴趣；民间文学曾经养育过他，这也成了他身体里的狼的血液，使他切身地感觉着它的强壮的力量。民间文学的伟大的教育作用，其实从鲁迅先生的身上，就可以看出来的。"其实这些话在汪曾祺身上也适用。他20世纪50年代编过《说说唱唱》《民间文学》等刊物，经常到各地采风，这让他有机会接触大量民间文学，用他自己的话说曾读过上万首民歌。他的创作摇曳多姿、呈驳杂气象，与民间文学的滋养密不可分。

鲁迅对中国古典文学有很深的研究

汪曾祺主张创作"要回到民族传统，回到现实主义"，他认为当代文学要含蕴传统文化，才称得上是当代中国文学。在他看来，一个作家文化素养的高低，跟他读多少中国古典作品有直接关系。他认为语言的背后是文化，一些青年作家语言不好，原因就在于中国古典作品读得太少，作品后面的文化积淀太少。"语言文化的来源，一个是中国的古典作品，还有一个是民间文化，民歌、民间故事，特别是民歌。"他总是劝年轻人多读一些中国古典作品，多接触一些民间文化，才不致"书到用时方恨少"。他不同意文化断裂始自"五四"的说法，他认为文化主将们的旧学功底都很深厚，他们倡导白话文运动，但不意味着他们写出来的东西就是"大白话"。他认为胡适倡导的"白话文"实是"大白话"，忽视了语言的艺术性，实在是一种没有文化的语言。而鲁迅虽然说要上下四方寻找一种最黑最黑的咒语，来咒骂反对白话文的人，但是他文中所写"时大夜弥天，璧月澄照，饕蚊遥叹，余在广州"就很难说是白话文。鲁迅的文章好，他认为是与其深厚的传统文化底蕴分不开的。（《中国文学的语言问题》）

"鲁迅对中国古典文学，特别是中古文学，有很深的研究。他曾经讲述过汉文学史，校订过《嵇康集》。他写的《魏晋文章与药与酒的关系》（正确说法当为《魏晋风度及文章与药及酒之关系》），至今还是任何一本中古文学史必须引用的文章。鲁迅可以用地道的魏晋风格给人写碑。他的用白话文写的小说、散文里，也不难找出魏晋文风的痕迹。我很希望有人能写出一篇大文章：《论魏晋文学对鲁迅作品的影响》。鲁迅还收集过汉代石刻画像，整理过会稽郡的历史文献，自己掏钱在南京的佛经流通处刻了一本《百喻经》，和郑振铎合选过《北京笺谱》。这些对他的文学创作都是有间接的作用的。"（《传统文化对中国当代文学创作的影响》）

作为散文大家，汪曾祺曾为两套散文书系写过总序。一为"当代散文大系"，一为"午夜散文随笔书系"。两序均梳理了中国散文发展的大致脉络，认为"鲁迅、周作人实是'五四'以后散文的两大支派。鲁迅悲愤，周作人简淡。后来作者大都是沿着这两条路走下来的"。在他看来，四十年代至七十年代几乎没有"美文"，八十年代以来散文的发展势头虽好，但依然少有人能写出像鲁迅的《二十四孝图》那样气势磅礴、纵横挥洒的"大"散文。主因就在于文化的断裂，对散文的民族传统继承得不够，写作者的古文化功底不够丰厚。

对于20世纪80年代的文学"寻根"热及"文化小说"的提法，汪曾祺说传递出的都是对中国古文化的向往，他认为这种倾向是好的。他曾说："一个中国作家应当对中国文化有广博的知识和深刻的理解，他的作品应该闪耀出中国文化的光泽。"但这不是想做就一下子能做成的，文化的脉一旦中断，再接续起来是需要一个过程的。他又说："鲁迅、老舍、沈从文对于中国文化的修养是很深的，我们应该向他们学习。"（《寻根》）这些话在今天看来仍有积极意义。

（原载《名作欣赏》2019年第6期）

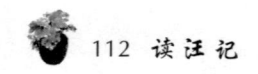

文中有画意

汪曾祺先生是多面手，脚踏戏剧和文学两只船，书画兼擅，还有美食家之誉。虽说如今能作文、亦能画的才子型作家不少，但大多能分得开，画是画，文是文，两档子事。对于汪曾祺来说，文与画是融合无间的，文中有画、画中有文。试想，若把书画那部分内容、精神从其作品中抽离出来，也就不成其为汪曾祺了。本文尝试从书画这一视角切入，走进汪曾祺的文学世界，探讨书画修养与其文学创作的关系。

自得其乐

汪曾祺晚年有两个愿望：一是在中国美术馆开一个小型画展，二是出本书画集。然而这两个愿望在生前都未实现。在他去世近

兰花山石图　汪曾祺赠黄伟经的画

三年后，他的子女整理父亲生前画作，用其稿费自行印制了一本装帧考究的《汪曾祺书画集》。这本书画集是非卖品，只印了千余册，送给他的家乡高邮和其生前友好作纪念。书中收录书画作品120余件，从中可以窥见汪先生书画创作的大致风貌，它们是典型的文人画，每一幅都值得玩味再三。书后的"一点说明"指出："他的书画与他的文学作品都表达了他这个人的思想和品味，是可以互为补充的。"这无疑是解人之语。

汪曾祺对书画的态度是"书画自娱""自得其乐"，同做美食一样，是写作之余的休息、"岔乎岔乎"。他说："我的画其实没有什么看头，只是因为是作家的画，比较别致而已。"（《自得其乐》）他还引用晋代陶弘景诗句说他的画"只可自怡悦，不堪持赠君"。当然，这也是他老人家谦虚的说法，实则他的书画作品送人的极多。坊间流传着很多有关汪先生赠画的趣闻轶事，到底多少人手头有他的画，至今仍是未知数。文人雅士自不待言，平头百姓因了种种机缘，得到其赠画似乎也并不难。

他曾给宗璞画过三幅画，有幅牡丹图上题赠小诗："人间存一角，聊放侧枝花。临风亦自得，不共赤城霞。"小诗甚得冯友兰先生称赏，赞其"诗中有人""不隔"。宗璞也说汪曾祺的戏与诗、文与画，都隐着一段真性情。他给作家张抗抗也画过牡丹，并题诗："看朱成碧且由他，大道从来直似斜。见说洛阳春索寞，牡丹拒绝著繁花。"张抗抗忍不住感叹，汪老的诗"耐人品味"。两幅画虽都无缘得见，但这两首题画诗流传甚广，足以印证汪先生画作的品格。

前段时间笔者收到东北师范大学的徐强老师发来的一张图，

说是新近看到的汪先生的画作。那是汪先生1992年5月为广州花城出版社的黄伟经画的《兰花山石图》，上题："南风薰薰，唯吾德馨。随笔随意，鼓瑟吹笙。"时黄伟经任《随笔》杂志主编，题诗与兰花契合，又巧妙将"随笔"二字嵌入其中，风雅有趣。

　　1995年，汪曾祺应邀赴温州瓯海采风，曾给搀扶他走路的当地少女题字"家居绿竹丛中，人在明月光里"，又给其父开的饭馆写招牌"春来饭店"。在去世前两个月，汪先生在报上读到一篇文章《爱是一束花》，大受感动，随即写下《花溅泪》一文，还邀好友邵燕祥、林斤澜为此文写评论，又画一幅画送给这位素不相识的作者车军——画的是几束盛开的丁香。车军不胜感激，专门送去装裱，负责装裱的后生很懂画，赞曰："画好，字好，意也深！"但凡有一点因缘，汪先生便慷慨赠人字画，"有求必应"，这样的例子不胜枚举。他那洒脱不拘的个性、"人间送小温"的情怀于此也可见一斑。

　　对于自己的书画作品，除了谦虚，他老人家也颇有些自信甚或自负："我的字照说是有些基本功的"，"我的画不中不西，不今不古，真正是'写意'，带有很大的随意性"。他还说："画中国画还有一种乐趣，是可以在画上题诗，可寄一时意兴，抒感慨，也可以发一点牢骚。"（《自得其乐》）这些话不啻是理解其书画作品的最好注脚。

　　翻看其书画集，可以看出，汪先生的书画大抵如此，随意、随性，因有寄兴而颇多意趣，耐人品味。这些书画作品，这些颇见情趣和品格的口口相传的故事，使得汪先生成为大家心目中的"可爱的老头儿"。

才子文章

汪曾祺创作了数篇以绘画为题材的小说,如《岁寒三友》《鉴赏家》《金冬心》等都是。这足以证明他对书画不是一般的爱好,而是深入骨子里的透彻理解和喜欢。

"岁寒三友"的说法源于传统绘画主题松、竹、梅。小说中的三位主人公分别为开绳厂的王瘦吾、做鞭炮的陶虎臣、介于画家和画匠之间的画师靳彝甫。三位是好朋友,也可说是贫寒之交,都是靠手艺吃饭的普通人。当王瘦吾、陶虎臣两家的生活陷入困顿、在死亡线上挣扎时,靳彝甫毅然决然卖掉了他视若性命的三块田黄,来接济两位老友。这样的深情厚谊令人动容,让人感到人性的醇厚和温暖。

小说中对画师靳彝甫的刻画很"专业",说他家三代都是画画的,山水、人物、翎毛、花卉等,什么都画,也画行乐图和喜神图,靳彝甫本人喜欢画青山绿水和工笔人物。小说中另有一个人物——季匋民,他是跟靳彝甫不同的衣食无忧的大画家,正是他买走了那三块田黄。文中有一段描写是季匋民和靳彝甫的对话:"你的画,家学渊源。但是有功力,而少境界。要变!山水,暂时不要画。你见过多少真山真水?人物,不要跟着改七芗、费晓楼后面跑。倪墨耕尤为甜俗。要越过唐伯虎,直追两宋南唐。我奉赠你两个字:古,艳。比如这张杨妃出浴,披纱用洋红,就俗。用朱红,加一点紫!把颜色搞得重重的!脸上也不要这样干净,给她贴几个花子!——你是打算就这样在家乡困着呢,还是想出去闯闯呢?出去,走走,结识一些大家,见见世面!到上海,那里人才多！"这样的描述，没有书画功底断不可能写就。

而《鉴赏家》中的大画家季匋民和卖水果的叶三虽然地位、身份相差悬殊，却是一对难觅的知音，二人在艺术上、精神上是相通的。小说中写道："季匋民最佩服李复堂。他认为扬州八怪里李复堂功力最深，大幅小品都好，有笔有墨，也奔放，也严谨，也浑厚，也秀润，而且不装模作样，没有江湖气。"这哪里是在写季匋民，分明在写自己对李复堂的态度。小说中季匋民画了画，叶三都能说出好在何处：

  季匋民画了一幅紫藤，问叶三。
  叶三说："紫藤里有风。"
  "唔！你怎么知道？"
  "花是乱的。"
  "对极了！"
  季匋民提笔题了两句词：
  "深院悄无人，风拂紫藤花乱。"
  ……

对话简洁传神，是在说对一幅画的鉴赏。如果没有书画方面的修为，没有深厚的传统文化底蕴，何以能写出这样的小说？

小说《金冬心》写了一场豪宴，大盐商程雪门宴请新到任盐务道铁保珊大人，请扬州八怪之首的大画家金冬心作陪。宴会中行"飞红令"，情急之下，程雪门胡诌了一句"柳絮飞来片片红"，正当大家对这句逻辑不通的杜撰诗句起哄之际，金冬心凭着自己的捷才作诗一首"廿四桥边廿四风，凭栏犹忆旧江东。夕阳返照桃花渡，柳絮飞来片片红"，并说这是元人诗句，替程雪门大大挽回了面子。程雪门为表谢意，第二天给金冬心送来一千两银子。小说此前还有铺陈，说靠卖画为生的金冬心，手头正紧，赶画了一批灯笼画，想请金陵的袁枚袁才子帮着卖掉换些钱用，不料画被如数退回，他心心念念的十盆箭兰也没钱买。得到程雪门的银子后，他立刻把那兰花买回家。小说篇幅不长，却将数个人物刻画得活灵活现，金冬心清高、有才、雅俗兼备、虽有些自负却也不失厚道的复杂个性跃然纸上。

对这篇小说黄裳先生有着这样的评价："值得一说的是他的《金冬心》。初读，激赏，后来再读，觉得不过是以技巧胜，并未花多大气力就写成了，说不上'代表作'。……后来重读，觉得这正是一篇'才子文章'，摭取一二故实，穿插点染，其意自见，手法真是聪明，但不能归入'力作'。"

这样的题材，这样的描摹和把握，非汪曾祺莫属，说是"才子文章"毫不为过。

小桥流水

除了小说，汪曾祺写过大量与书画相关的散文随笔。《徐文长的婚事》《徐文长论书画》《齐白石的童心》《张大千与毕加索》《潘天寿的倔脾气》《张郎且莫笑郭郎》等，皆取材于不同年代的画家。只有对他们了然于胸，才会摭取其中旨趣加以点染，写成文章。《看画》《写字》《谈题画》《题画二则》《书画自娱》《自得其乐》

《文人与书法》《文章余事》《只可自怡悦,不堪持赠君》等,写的都是他个人对书画的体会、相关经历、创作心得等内容。

从这些文章中不难看出,汪先生之于书画,有着深厚的底蕴,不是半路出家,而是从小耳濡目染,形成稳定的特长和兴趣,并相伴终生。笔者在2005年选编了一本《文与画》(山东画报出版社出版),其中所选多为汪先生谈书画的文章。据说,不少读者正是通过此书得以了解汪先生在书画方面的才情。

汪先生的创作谈,很多经验来自于书画。比如谈到语言问题——汪先生非常重视语言,把语言的重要性推到极致,认为"语言不只是形式,本身便是内容",他说:"中国人写字,除了笔法,还讲究'行气'。包世臣说王羲之的字,看起来大大小小,单看一个字,也不见怎么好,放在一起,字的笔画之间,字与字之间,就如'老翁携举幼孙,顾盼有情,痛痒相关'。安排语言,也是这样。一个词,一个词;一句,一句;痛痒相关,互相映带,才能姿势横生,气韵生动。"(《揉面——谈语言》)在他看来,语言和写字一样,都要前后呼应、相互兼顾。

《小说笔谈》一文中谈到创作风格与时尚,也是以书画为例子。短短一段文字里面提到了齐白石、于非闇、吴昌硕、张大千等人,认为画家的风格不能脱离欣赏者的趣味太远,同理,小说也是如此,"如果他的小说没有一个人欣赏,他的作品是不会存在的"。

谈到短篇小说创作,他认为这与人的气质有关,有人气质如大江大河,适合鸿篇巨制,而他自己则是小桥流水式的,只能写短篇,就像"倪云林一辈子只能画平远小景,不能像范宽一样气势雄豪,也不能像王蒙一样烟云满纸"。(《晚饭花集》自序)

在《小小说是什么》一文中他说:"小小说是斗方、册页、扇面儿。斗方、册页、扇面的画法和中堂、长卷的画法是不一样的。……可以说,小小说是空白的艺术。中国画讲究'计白当黑'。包世臣论书,以为应使'字之上下左右皆有字'。因为注意'留白',小小说的天地便很宽余了。……小幅画尤其要讲究'笔墨情趣',小小说需要精选的语言。"你看,这完全套用的是画论。

谈到"创作的随意性",他举齐白石画荔枝、郑板桥的"胸有成竹"等做例子,说明作文和写字、画画一样,作品完成以后不会和构思时完全一样,"殆其篇成,半折心始"。

在谈到自己的气质,他说:"我永远只是一个小品作家。我写的一切,都是小品。就像画画,画一个册页、一个小条幅,我还可以对付;给我一张丈二匹,我就毫无办法。"

在他看来,书画和文学是相通的,书画之道同样适用于文学创作。他曾自称是也写小说也写戏曲的"两栖类",加上书画的造诣,说成"三栖类"也不为过。可以肯定地说,如果没有书画创作的切实经验和体悟,没有书画方面的深厚学养,他的文学世界不会是这个样子。从这个角度言,汪先生是难以模仿的,即便是学,得到的也仅是皮毛而已,那些传统文化的修养源于幼年的滋润浸染,岂是一日两日之功。

融入血液

汪曾祺对书画可说是"情有独钟",对于没有专门去从事画画,他曾不止一次地表达过遗憾。"我小时候没有想过写戏,也没有想过写小说。我喜欢画画。"(《两栖杂述》)散文《腊梅花》的结尾:"我应该当一个工艺美术师的,写什么屁小说!"他在《西南联大中文系》一文中说:"我要不是读了西南联大,也许不会成为一个作家。至少不会成为一个像现在这样的作家。我也许会成为一个画家。如果考不取联大,我准备考当时也在昆明的国立艺专。"

命运就是这么弄人,他没有如愿成为画家,却成了作家。但书画的底子是有的,难得的是,他将看画的习惯、对书画的兴趣保持终生,从小学、初中乃至上了大学,及至做了编剧、享誉文坛,都"以画名"。

初二时他画过一幅墨荷,裱出后挂在成绩展览室里,那是他的画第一次上裱。上西南联大后,在"西洋通史"课上交了一张作业——马其顿国的地图,教这门课的皮名举先生有这样的评价:"阁下之地图美术价值甚高,科学价值全无。"因字写得好,联大中文系的布告很多出自他手(马识途的《想念汪曾祺》)。

在沽源画过《中国马铃薯图谱》和《口蘑图谱》,一是淡水彩,一是钢笔画,也算是书画才情的另一种发挥。上调到北京京剧团做编剧,因为字好,有一段时间为剧团写字幕,在宽不过四寸的玻璃纸卷上用蝇头小楷竖行书写,不能出错。

20世纪80年代后,因《受戒》等一批小说的发表,六十多岁的汪曾祺复出文坛并享有盛名,画名亦随即远扬。此时的他,画画除了自娱自乐,也慷慨义气,乐得将画作送人。

画家黄永玉说他懂画——他们是朋友,当年在上海时他们二人与黄裳一道被称为"三剑客":"我的画只有他一个人能讲。

122 读汪记

刊载此文的《光明日报》版图

我刻了一幅木刻——《海边故事》：一个小孩趴在地上，腿在后面翘着。他就说，后面这条线应该怎样怎样翘上去再弯下来，我按照他的意见刻了五张。""五十年代，为了帮我理解齐白石，他还专门为我写了一篇小文章《一窝蜂》，只给我看的，没有发表过，稿子应该还在。他没有见过齐白石，但用小说样子来写。清晨，老人听到窗户外面咣当响了一声，是有人掀开盖煤炉的盖子。老人起来走到院子里，又拿来不同颜料调，红的，黄的。走到画案前，开始画藤萝，藤萝旁再画蜜蜂，一只蜂，两只蜂，简直是一窝蜂。……他死了，这样懂画的朋友也没有了。……要是他还活着，我的万荷堂不会是今天的样子，我的画也不会是后来的样子。"（李辉《高山流水，远近之间》）

　　天生奇才，是家庭与社会适逢其时地遇合与促成，无法模仿也不可复制。汪曾祺身上有着浓郁的传统文化背景，他出生在书香门第，祖父是清末"拔贡"，家道殷实。他年幼时临过的字帖不少，大字小字都练过，《圭峰碑》《闲邪公家传》《多宝塔》《张猛龙碑》等，这奠定了他书法的底子。

　　画画虽没师承，也没专门学过，可父亲多才多艺，琴棋书画无所不能，父亲作画时他站在边上看，有时帮着抻抻纸，作画的技巧如勾筋、布局、设色等就这样看在眼里、记在心里。读画的机会也多，家中藏有不少珂罗版的古画，他翻来覆去地看，很早就培养了识画的才能，对陈白阳、徐青藤的画，"乃大好之"。那些谈艺类的杂书，诸如余澹心的《板桥杂记》、包世臣的《艺舟双楫》等，也都年幼时即有所涉猎。

　　在《苦瓜是瓜吗》（1986年）一文中，他这样写道："'苦瓜'之名，我最初是从石涛的画上知道的。我家里有不少有正书局珂罗版印的画集，其中石涛的画不少。我从小喜欢石涛的画。石涛的别号甚多，除石涛外有释济、清湘道人、大涤子、瞎尊者和苦瓜和尚。"一篇谈吃类文章，却从画入手，写得跌宕起伏、摇曳多姿，从中亦可看出他不一般的童子功。

汪曾祺少年时打下的书画功底，随着年龄、阅历的增加，慢慢发酵。初中时放学回家，他一路上东看西看，画画的、裱画的都不错过。到了大学，但凡与字画相关的，他都有兴趣。泡茶馆，爱看茶馆的匾额、饰壁的字画；逛裱画店；看恩师沈从文的各种收藏，跟着他到处闲逛，看一些字画漆器等；教他"汉魏六朝诗选"课的杨振声先生还专门邀他到住处一起欣赏姚茫父的册页。

在沈从文先生引荐下，1948年汪曾祺曾做过一段时间的历史博物馆职员，这让他有机会看了不少字画。他爱看画展，常带着家人去看绘画展览、故宫的字画等。据女儿汪朝回忆：父亲对故宫书画馆的展品非常熟悉，如数家珍。

书画方面的修养慢慢精进，融入血液，化为精神。如果不深谙此道，他根本不会有那么多文画相通的体验，也不会有那么多以书画为题材的小说及散文创作，更不会多年不动笔、一旦机会来临，立马显出不一般的绘画才能。过硬的童子功，多年的浸染，让中国传统的书画精神和汪先生其人其文融为一体了。

会画画，对创作多有影响。这一点汪曾祺自己也深以为然。他说："喜欢画，对写小说也有点好处。一个是，我在构思一篇小说的时候，有点像我父亲画画那样，先有一团情致，一种意向。然后定间架、画'花头'、立枝干、布叶、勾筋……一个是，可

以锻炼对于形体、颜色、'神气'的敏感，我以为一篇小说总得有点画意。"(《两栖杂述》)

在《我的创作生涯》中他又谈道："我的喜欢看画，对我的文学创作是有影响的。我把作画的手法融进了小说。有的评论家说我的小说有'画意'，这不是偶然的。我对画家的偏爱，也对我的文学创作有影响。我喜欢疏朗清淡的风格，不喜欢繁复浓重的风格，对画，对文学，都如此。"

这些话都是夫子自道，也是理解汪曾祺小说创作的门径之一。

作为一位书画兼擅的知名作家，对于当代画坛，他有自己的看法，并提出意见："我建议美术学院的中国画系要开两门基础课，一是文学课，要教学生把文章写通，最好能做几句旧诗；二是书法课，要让学生临帖。"(《谈题画》) 他还说："一个画家，首先得是个诗人。"(《题画二则》)

这些话颇富建设性，不知书画界的专家学者是否以为然。

（原载《光明日报》2019年2月25日第11版）

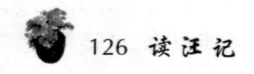

那些久久不散的美
——读汪曾祺《昆明的雨》

汪曾祺在《昆明的雨》中写到雨季的缅桂花,继而忆起当年他租住若园巷二号时,房东家有一棵大缅桂。雨季到了,缅桂花开了一树。房东和她的养女搭着梯子上树摘花,还时常用盘子盛了,给各家送去。"带着雨珠的缅桂花使我的心软软的,不是怀人,不是思乡。"正值青春年少,怀人思乡的情绪并不浓郁,心里装着当作家的梦,过着有上顿没下顿的困窘日子。这就是当年的汪曾祺。是什么"使我的心软软的"?是美。花的美,人的美。房东是五十多岁的寡妇,和她的养女(文中没写,我猜大概十二三岁吧),摘花、送花,这不就是一幅画吗?这幅画让一颗年轻的心为之所动,久久不忘。

《昆明的雨》开头所写正是一幅画。画的是倒挂开花的仙人掌和几个青头菌、牛肝菌。这画是巫宁坤请他画的。画上题了几行字："昆明人家常于门头挂仙人掌一片以辟邪，仙人掌悬空倒挂尚能存活开花。于此可见仙人掌生命之顽强，亦可见昆明雨季空气之湿润。雨季则有青头菌、牛肝菌，味极鲜腴。"

由此引出昆明的雨来——昆明的雨是啥样子呢？

"昆明的雨季是明亮的、丰满的、使人动情的。城春草木深，孟夏草木长。昆明的雨季是浓绿的。草木的枝叶里的水分都到了饱和状态，显示出过分的、近于夸张的旺盛。"

昆明仙人掌多，且极肥大；昆明人家有悬挂仙人掌以辟邪的习俗，将仙人掌扎孔用线穿了，挂在门头钉子上。倒挂的仙人掌能开出花来，这一意象让汪曾祺难忘，所以当老友提出所画要有昆明特点时，他便构思创作了此画。

汪、巫二人是西南联大的同窗，昆明是他们的共同的第二故乡。在汪曾祺去世十周年之际，巫宁坤写过一篇纪念文章《花开正满枝——忆汪曾祺》，深情回忆了题赠此画的经过。1957年后两人天各一方，直至80年代才又重逢。蹉跎的岁月、坎坷的经历，感慨几多？但依然聚少离多。巫宁坤遂请汪曾祺给画一张画，要有昆明特点，一来睹画思人以慰离情，二来也可满足一下怀旧情绪。

"八四年二月，我写信给他，请他给我画一张画，要有我们的第二故乡昆明的特色，往我家徒四壁的墙上一挂，就见画如见人了。三月二日，他回信说：

画尚未画，因为想不起能表明有昆明特点的花果可画。昆明最多的是报春花，但这花细碎，难为布局。波斯菊也不好画，美人蕉则不成样子也。圆通公园樱花甚好，但画出则成为日本的回忆了。且容思之。

时隔数十年,他对昆明的百花记忆犹新,了如指掌,如数家珍。

他'思'了两三个星期,画直到三月二十日才画成:'右上角画着一片倒挂着的浓绿的仙人掌,末端开出一朵金黄色的花;左下画了几朵青头菌和牛肝菌。'这幅画,从构思到布局和题词,处处可见匠心,淡泊宁静,炉火纯青。"

二月写的信,三月二十才画成。看来颇费了一番思量。除了有昆明特色,仙人掌顽强的生命力,想来也暗含了劫难历尽复又重生的沧桑之感吧。此画这般格调,送给有同样经历的同窗好友最恰切不过。足见汪曾祺用心用情之深。

文中还写了雨季的菌子、雨季的果子、雨季的经历。

各种菌子,不同形状,不同味道。牛肝菌、青头菌、干巴菌、鸡油菌……

杨梅图 汪曾祺作

雨季的果子是杨梅。昆明的杨梅,果大、味甜、颜色黑红,叫"火炭梅",为别处所不及。若只写这些,杨梅只算是有特色的地方风物而已,但那就不是汪曾祺了。他起笔所写是卖杨梅的苗家女孩子,"戴一顶小花帽子,穿着扳尖的绣了满帮花的鞋,坐在人家阶石的一角,不时吆喝一声:'卖杨梅——',声音娇娇的。她们的声音使得昆明雨季的空气更加柔和了。"这才是神来之笔！文章情味由此陡增。

雨季的经历是和好友朱德熙去莲花池玩，中途遇雨，被阻挡在小酒店里。于是两人喝酒，看屋檐下的鸡，看院子里那一大架木香花。"密匝匝的细碎的绿叶，数不清的半开的白花和饱涨的花骨朵，都被雨水淋得湿透了，我们走不了，就这样一直坐到午后。" 四十多年过去了，犹不忘当年情味，写了一首诗：

莲花池外少行人，
野店苔痕一寸深。
浊酒一杯天过午，
木香花湿雨沉沉。

最后一句是"我想念昆明的雨"，只觉情思绵绵，绕梁三日不绝。

写雨哉？写草木哉？写人哉？文中散发着一股迷人的味道，有一股甜甜淡淡的美丽的哀愁，让人的心柔软温润。套用诗的语言，"打湿了我的眼睛，我的心"。

雨中的草木，雨中的人，流水般的再也回不去的岁月。一篇写雨的文章，就这样摇摇曳曳，情味无限。

故人黄裳对《昆明的雨》评价甚高："曾祺写《昆明的雨》，情韵都绝；有诗一绝，能得南疆风韵，不易忘也。"

《昆明的雨》写于1984年，而他在昆明的时间是1939年至1946年。这么多年来，卖杨梅的苗家女孩子的娇柔一直印在心里。不只写在文章中，还画在画里。曾见过他画的《杨梅图》，题曰："昆明杨梅色如赤炭,名火炭梅,味极甜浓。雨季常有苗族小女孩叫卖,声音娇柔。"小女孩娇柔的叫卖声,弥漫在雨季湿润的空气中,隔着四十余年的时空,悠悠传来,把人的心都软化了。

汪曾祺很会写女孩子的美、女性的美。她们的美让他难忘,久贮心中。《受戒》写的就是四十三年前的一个梦,写小英子的健康和美丽,那一串深深浅浅的脚印把小和尚的心都搞乱了——他很会写女性的脚,写得美。写薛大娘的脚:"薛大娘不爱穿鞋袜,除了下雪天,她都是穿草鞋,十个脚趾舒舒展展,无拘无束。她的脚总是洗得很干净。这是一双健康的,因而是很美的脚。"小说《窥浴》中的虞芳:"双脚修长。脚很美。岑明一直很爱看虞老师的脚。特别是夏天,虞芳穿了平底的凉鞋,不穿袜子。"

随笔《岁朝清供》篇幅不长,提及刘旦宅的一幅画:"画的是一个少妇的背影,背兜里背着一个娃娃,右手抱一大束各种颜色的花,左手拈花一朵,微微回头逗弄,少妇著白上衣,银灰色长裤,身材很苗条。穿浅黄色拖鞋。轻轻两笔,勾出小巧的脚跟。很美。这幅画最动人之处,正在脚跟两笔。"这个老头儿,眼光就这么特别——他看到了轻轻两笔勾出的小巧脚跟的美。虽无缘见到此画,经他这么一写,就仿佛那幅画扑面而来:年轻优雅的少妇,舐犊之爱,对生活的惬意,都有了。

散文《猫》中写他并不爱猫,却独对一只昆明小猫念念不忘。小猫是一位年轻母亲养的。"这位母亲已经过了三十岁了,人很漂亮,身材高高的,腿很长。她看人眼睛眯眯的,有一种恍恍惚惚的成熟的美。她斜靠在长沙发的靠枕上,神态有点慵懒。在她脚边不远的地方,有一个绣墩,绣墩上一个墨绿色软缎圆垫上卧

昆明猫　汪曾祺作

着一只小白猫。这猫真小,连头带尾只有五六寸,雪白的,白的像一团新雪。这猫也是懒懒的,不时睁开蓝眼睛顾盼一下,就又闭上了。屋里有一盆很大的素心兰,开得正好。好看的女人、小白猫、兰花的香味,这一切是一个梦境。"这篇《猫》写于1997年3月,忆的是当年西南联大时的经历。五十多年过去了,这美的一幕刻在心底,难以释怀。对此他不惜笔墨,写过,也画过。画的是一只小猫卧在绿色软缎上,题曰:

昆明猫不吃鱼,只吃猪肝。曾在一家见一小白猫,蜷卧墨绿软缎垫上,娇小可爱。女主人体颀长,斜卧睡榻上,甚美。今犹不忘,距今四十三年矣。

四十三年一梦中,
美人黄土已成空。
龙钟一叟真痴绝,
犹吊遗踪问晚风。

这样的一幅画,再配上这样的一首小诗,直叫人情摇意荡……

(原载《中国教育报》2019年6月3日第10版)

我在其中读出执着和意味
——徐强《人间送小温——汪曾祺年谱》读后记

一

认识徐强老师，缘于一部书稿，即他撰写的《人间送小温——汪曾祺年谱》（以下简称《汪谱》）。那是2016年春夏之交，山东人民出版社副社长王路邀我帮忙看一套有关汪曾祺的书。王路是我本科时的学兄，研究生也是同校上下级关系。他知道我爱读汪曾祺，也知道我就要放暑假了，时间自由。就这样，我接下这个"美差"，《汪谱》就在其中。虽说这套书最终竟未在山东人民出版社出成，我却得以先睹为快。后来由广陵书社推出，即那套"回望汪曾祺"系列。

像我这样一个不善爬梳考证的人，对于年谱之类的书，有种近乎本能的"敬而远之",认为没啥看头,而这本《汪谱》却改变了我的某些偏见。此书我曾仔细读过两遍,每一遍都读得有滋有味,夸张点甚或可说是"如饥似渴"。想来这与我爱读汪文有关系——想更多地了解汪曾祺其人其事,而书中信息颇丰,极大满足了我的阅读期待。除却这一因素,雅洁的语言、详实严谨的考证、对材料的"有意味的"选取,都让此书隽永有味,资料性与可读性兼具。因在阅读、校对过程中需时时请教,便跟徐强有了诸多联系。

这是本近乎"无中生有"的书。汪曾祺生于1920年,逝世于1997年。七十七年的人生,跨越现当代,辗转生活于高邮、江阴、昆明、上海、北京、张家口等多地,从事过教师、职员、编辑、编剧等不同职业,创作生涯五十余年,一生游历多地,跟诸多人有过交集;他又生性随便,上课不做笔记,也从不写日记;加上之前出版的诸多选集缺乏严谨的考证,错讹较多,背景信息模糊,就更增加了年谱编撰工作的难度。虽说汪曾祺写过一些自传性文字,但更多的是情感叙事,相对于年谱的编年记事和严谨性,并不能直接拿来用。支撑性的基础材料较少,而年谱的撰写需要海量的信息,且每一细节都要确凿无疑。要将这七十七年的人生及创作理出一个头绪来,无疑是个庞大而芜杂的工程。

二

2019年新年甫过,打磨了八年之久的人民文学出版社版《汪曾祺全集》(简称《全集》)面世。《全集》分小说、散文、戏剧、谈艺、杂著诸卷,共十二册,四百余万字。徐强承担了散文及杂

徐强著《人间送小温——汪曾祺年谱》，广陵书社2016年7月版

著卷（共四册）的主编工作，占全集总量的三分之一。《全集》出版后，《北京日报》刊载了一篇名为《历时8年，打造汪曾祺"善本"》的报道，文中多处言及徐强，说他为辨析那篇字迹模糊的《寄到永玉的展览会上》（全文共1600字），"一个字一个字地抠"，花了一个月功夫；为寻找底本，一次次南下云南各大图书馆；为一篇"听说"中存在的文章，不惜买下好几年的报纸合订本，当最终发现这篇佚文时，竟兴奋地摔坏了笔……

　　书的《后记》中有这样的话："年谱撰著与《全集》编纂同步进行，可以说是《全集》编纂的副产品，也是《全集》的必要学术基础……本谱撰述始终只能依靠最原始文献，尽量做到资料基础扎实可靠。

　　"在谱主作品方面，本谱充分吸收近年学术界辑佚成果，所载述、征引的作品比此前所有的别集、选集、全集所涉总范围多出三百篇（首、件）。其中本谱作者个人的辑佚成果占相当一部分。

"首先是遍引历史档案、方志、年鉴、新闻报道、相关人士的散文、日记、回忆录、传记、年谱、各地政协'文史资料选辑'、戏剧演出公告、说明书、演出门票等文献。对于有些重要报刊，几乎加以'地毯式'搜索。"

这些话着实让人动容。资料的广泛搜求整理，海量又琐碎的基础工作，不仅需要耐性，需要扑下身子、钻故纸堆、坐冷板凳，更多地还需要专业素养和能力，不是随随便便就可以的。

三

在一次微信交流中，徐强曾向我展示一幅汪曾祺所作"菊花图"，此画原刊在《随笔》杂志1996年第3期封三上。大概为求证此画的创作背景，徐强写信给山东作家邱勋先生（2018年去世）询问——因邱勋在《济南的名片》一文中提及此画。徐强曾截图当年邱勋的回信（电子邮件）给我看：

关于汪曾祺先生的那幅画，我见到的不是原作，是在报刊上见到的印刷稿，只记得画的是墨菊，至于报刊的名称，已经完全忘记了。画上的那段题词，引自《老残游记》，我比较熟悉，大抵没有记错。很抱歉，以上所说情况对于编辑工作没有多大用处。汪曾祺先生是中国现当代文学中最重要的作家，编他的全集和年谱长编很有意义，希望并相信你能够把这件事情做好，为中国文学做出贡献。

  我个人与汪先生没有交往。曾听咱省作家张炜先生说过，他们几个青年作家曾问过汪先生，《受戒》《大淖记事》的主题思想是什么？汪幽默地说，是五讲四美三热爱，并且拍着自己的肚子说：这边放着《受戒》，内容是五讲四美；这边放着《大淖记事》，内容是三热爱。

这封邮件的日期是 2013 年 07 月 12 日。
徐强还发我一张作家张炜先生回信的截图（电子邮件）：

  汪先生是个有意思的人。您说的事是有的。
  我和汪先生在他生前不少次见面，如开会等在一起。
  最长的一次是应浙江三联书店经理叶芳之邀，与汪先生、丁聪先生、吴祖光先生等在杭州的一个多星期。汪先生天天讲笑话，一喝了酒就讲。他一次一般要喝一瓶加饭酒，喝后脸色有些发黑，然后就开始讲故事。有时也讲些文坛上的旧事。总之，他是个极有趣的人。有才华的人一般都有趣。

这封邮件的时间是 2013 年 7 月 27 日。
显然，两信都是因徐强先写信询问相关事宜，才有的回信。在我看来，两封回信都极有价值，有趣、好看。想来徐强的信也好看（应是认真的手书），邱勋在回信中称赞他的信"认真书写、可以称之书法作品"。

试想这样一个人一个人问下去，得写多少信。《后记》中说："广泛访问谱主的亲友、故交、当事人、知情人，受访者共逾 300 人，提供有效信息者，无虑二百人以上。年龄最长者 94 岁，70 岁以上者不下 50 人……有些高年的访问对象尚未来得及回复就遽然辞世（例如汪曾祺昆明时期的朋友，93 岁的吴奎先生），这使笔者在遗憾之余更迫切地意识到，很多访问是带有资料抢救的性质。"

曾听徐强讲过两件事情：

一是杨香保，当年汪曾祺在《民间文学》时期的同事。1958 年，他们同时到张家口改造。1961 年，汪曾祺到北京京剧团工作，而杨香保留在了张家口，后任张家口文联主席。2011 年，徐强通过电话采访了杨香保，得知 1983 年汪曾祺受杨香保邀请，故地重游，在当地举办过多场讲座，而汪曾祺的诗作《重来张家口》以及讲座照片、题词等，都在张家口文联内部刊物《浪花》有过登载。杨香保把这些资料都寄给了徐强，提供了珍贵的第一手资料。不过时至 2014 年，当徐强想再向老先生请教时，得知他已于 2013 年年底去世。

二是吴奎。2014 年，徐强新得到一批珍贵书信，是汪曾祺 20 世纪 40 年代在昆明时致他的同乡朱奎元的，拟收入新全集。因背景信息不详，需加考释。信中提及汪、朱共同的朋友多位，经寻访，在深圳一个"寻访抗战老兵志愿组织"的帮助下，得悉其中的吴奎先生仍健在，居贵阳。他年轻时是往返贵、滇之间的货车司机，与汪、朱交好，并曾载他们或为他们传递信息、物品。后花两三个月辗转联系上吴先生的小女儿珍珍，不料珍珍告以吴先生刚于月前以 92 岁高龄去世。有关信息后人并不掌握，这条线索就这样中断了。徐强叹曰："有不如意事若此！"

由此看来，本书很多资料为"绝响"。这些抢救来的第一手资料，弥足珍贵，更加凸显了本书的意义和价值。访问的工程量之大自不待言，访问之前的知识储备、访问的由头、线索，都得靠丰富的积累，不是一天两天的功夫。采访背后的故事，几多周折、几多辛苦、几多意外、几多收获，也只有寻访者本人能说得清了。

再比如1992年，这一年汪曾祺72岁。作为文坛有名望的老人，他作文、作画、写诗、出游、演讲、写序，勤奋、高产又忙碌。《汪谱》中这一年的记事达120余条，每条都标明具体年月日，这背后得做多少琐屑细碎的整理！

上述大抵可以看出，《汪谱》撰述花了多少功夫。《汪曾祺全集》是举八年之力，而《汪谱》与它同时起步，出版于2016年，由此可推算出《汪谱》的撰述也得五六年的时间。

世界上不惮麻烦的人，徐强应算一个。

四

我喜欢此书的原因有三：

一是丰富的信息含量。本书可以说是"汪曾祺信息大全"，不管是生平，还是行实、创作等，均有很多可贵而难得的信息。如今《汪谱》已成为我的案头"工具书"，时常用来查证辨疑。

二是考证翔实，信息完备。举两个例子：

1980年5月20日记事："作文学评论《沈从文和他的〈边城〉》。刊于《芙蓉》1981年第2期。后获得该刊'芙蓉文学奖'。"（见第166页）这条记事将写作时间、刊发时间及最终获奖三个元素整合到一起，信息完备丰满。

1992年的一则记事："3月　泰安青年作家毕玉堂来访，检出画作《鸬鹚》，题字持赠；又应请为毕玉堂即将出版的散文集《洗心》题签并题写居室名'洗心居'。"页下注云："毕玉堂先生接受笔者采访时提供影印件。有些地方将'鸬鹚'（鱼鹰）俗称为'鸬鹚'，也有些地方将野鸽子叫作'鸬鹚'。汪曾祺画的是野鸽子。"（见第341页）不止提供完备信息，还有题解，生动有趣。

三是好看，滋味隽永。原本认为年谱只是客观记事，即记某年某月发生了什么事情，不带感情色彩，但本书材料的选取却带有作者个人的倾向性，增加了可读性和隽永的味道。

如1980年5月20日记事："重写小说《异秉》，刊于《雨花》1981年第1期。"若只记这些，完全符合年谱的要求，业已将事实交代清楚。但作者又加了一句："作者说这是写'由于对命运的无可奈何转化出一种常有苦味的嘲谑。'（自选集序）"（见第166页）显然，这条记事源于两个基础资料，后一句是对前一句的补充，让前面的信息更加丰满、耐读，也更见作者选择材料的眼光。

再如1991年一则记事："2月26日　71岁生日（3月5日）将至，作诗《七十一岁》。本日致信范用，抄近作诗二首《辛未新正打油》及《七十一岁》。信中说：'此二诗亦可与极熟人一看，相视抚掌，不宜扩散，尤不可令新入升官图的桃偶辈得知。'"所选信中内容耐品咂、见性情。页后注云："信见范用《曾祺诗笺》披露，文收《泥土脚印》，凤凰出版社2003年版。该信未署日期，只署'星期二'。信末祝颂语为'即颂元宵佳胜',说明是元宵节前夕写成寄出。查日历知元宵节前的星期二为2月26日。因系于本日下。"(见第320页)不只好看、得见谱主风骨,考证之细亦让人叹为观止。

1991年记事:"5月 杨义《中国现代小说史》第三卷出版(人民文学出版社)。该卷第二章《出入战区的流亡作家》中,除专节论述碧野、姚雪垠、王西彦、田涛外,用一节篇幅(第六节《其他大后方作家》)论述了陈瘦竹、刘盛亚和汪曾祺。杨义指出'汪曾祺代表京派在光复后的旧梦重续','他属于京派的后劲'。"(见第325页)后面的"杨义指出"就是作者有意的选择,给读者提供了更为丰富的可引发进一步阅读思考的信息。

同年另一记事:"11月5日 复古剑信,回答对方关于自己的书画润格,说'从未定过润格。香港作家如愿要我的字画,可通过你来索取,但要你认为索字画者不俗'。随信寄去为古剑正在主编的香港《华侨日报》'文廊'副刊题写的刊头。""但要你认为索字画者不俗",这条信息最见谱主性情,是作者的有意为之。

《蒲桥集》为何"卖得冲"

　　《蒲桥集》是汪曾祺的第一本散文集,作家出版社1989年3月出版。这是他新时期以来出版的第五本书。此前已出版了小说集《汪曾祺短篇小说选》《晚饭花集》和创作谈《晚翠文谈》以及各种体裁的合集《汪曾祺自选集》四种。

　　因刚出版不久的《晚翠文谈》(印数2700册)、《汪曾祺自选集》都销量惨淡,汪曾祺对这本散文集的行情并没有很高的预期。他在1988年8月7日致《汪曾祺自选集》的编辑彭匈的信中说:"印数只有2450册,真惨……现在征订数如此之少,出版界真是遇到了空前的困难。漓江一定为这本书赔了不少钱,我心里真是不安。"同一信中又说:"散文集已交作家出版社。书是他们约的,但一定也很为难。现在出书难,连王蒙的书也躺在人文的抽屉里睡觉。"这里所言散文集就是《蒲桥集》。

正是在《蒲桥集》的封面上，他应出版社之邀，以第三人称，写下了词采飞扬、堪称经典的广告词：

　　齐白石自称诗第一，字第二，画第三。有人说汪曾祺的散文比小说好，虽非定论，却有道理。
　　此集诸篇，记人事，写风景，谈文化，述掌故，兼及草木虫鱼、瓜果食物，皆有情致。间作小考证，亦可喜。娓娓而谈，态度亲切，不矜持作态。文求雅洁，少雕饰，如行云流水。初春新韭，秋末晚菘，滋味近似。

因总被问起是谁写的，他在后来的《文集自序》中招认："广告是假装别人写的，所以不脸红。如果要我自己署名，我是不干的……是让读者了解我的'散文观'，不是我的成就，只是我的追求。"

许是广告词的宣传作用，许是"很深刻、很复杂的社会原因和文学原因"，或许更是汪曾祺散文本身独具的魔力，这本散文集出其不意地火了。接连加印，到1992年10月已四次印刷，前后共印了13000余册。这着实让汪曾祺很开心。二次加印他写了"再版后记"，开头便说："《蒲桥集》能够再版，是我没有想到的。去年房树民同志跟我提过一下，说这本书打算再版，我当时没有太往心里去，因为我觉得这是不可能的。不料现在竟成了真事儿，我很高兴，比初版时还要高兴。这说明有人愿意看我的书。"其欣悦之情历历可感。

在书信中汪曾祺也将这份欣喜与亲友分享。1991年1月28日致黄裳的信中说:"作家出版社决定把这本书再版一次,三月份可出书。一本散文集,不到两年,即再版,亦是稀罕事。再版本加了一个后记,其余改动极少。你如对版本有兴趣,书出后当再奉寄一册。"

1991年10月13日致妹婿金家渝的信直言:"《蒲桥集》卖得很冲,出版社准备第三次印刷。"

汪曾祺在接受采访时曾说:"我有个正统观点:小说才是正统文学,其他都是边边沿沿的东西。"而在这本散文集的《自序》中有这样的话:"我写散文,是搂草打兔子,捎带脚","写的时候,没有想到要出一个集子,发表之后,剪存了一些,但是随手乱塞,散佚了不少。承作家出版社的好意,要我自己编一本散文集,只能将找得到的归拢归拢,成了现在的这样。我还会写写散文,如有机会出第二个集子,也许会把旧作找补一点回来。但这不知是哪年的事儿了"。

后来的情形应该是汪曾祺本人也没有想到的。大概是受"卖得冲"的鼓励,或者更是学养气质的原因,还有"写任何形式的文学,都得首先把散文写好"的创作主张,自此以后,他的散文创作进入高产期。他在写于1992年的《文集自序》(《汪曾祺文集》,江苏文艺出版社,1993年9月版)中坦言:"这几年情况变了,小说写得少了,散文写得多了,有一点本末倒置……写散文渐成我的正业。"

在1992年7月26日给陆建华的信中说:"我年内还要编三四本书:《汪曾祺散文随笔选》(辽宁)、《汪曾祺随笔精品》(陕西人民出版社)、《蒲桥二集》(作家出版社)……"

1993年5月16日致黄伟经的信中说："我近几月连续编了我的五本散文集，整理江苏文艺出版社要赶出的我的文集，又接连讲课，开座谈会，写评论，搞得很疲乏。"

1994年6月2日给古剑的信中又说："这二年写散文较多，据有人统计，去年我出版散文达十五万字。"

实际上，除了《蒲桥集》连印四次，他又相继出版了数本散文集：《旅食集》《汪曾祺小品》《汪曾祺散文随笔选集》《榆树村杂记》《草花集》《塔上随笔》《中国当代名人随笔·汪曾祺卷》等。这些集子都是在1992、1993年间集中出版，再加上《汪曾祺文集》（四卷），说这两年是他出版的井喷之年也不为过。

虽然写得多，但他保持足够清醒："我的散文会源源不断地写出来，我要跟自己说，不要写得太滥。要写得不滥，没有别的法子，只有多想想事，多接触接触人，多读一点书。"

总览汪曾祺文学创作全貌，其小说创作在20世纪80年代初已臻至顶峰，其间出版的《汪曾祺短篇小说选》《晚饭花集》便可代表小说创作的最高成就，也奠定了其在小说史上的地位。80年代中后期以后，写散文不再是"捎带脚"，而成主业，其散文创作的质量和数量远超小说。在汪曾祺的文学园地中，小说和散文，同为两株根深叶茂的大树，各结奇珍异果，不分轩轾、平分秋色。

汪曾祺的每本散文集都写有自序，1992年还为《当代散文大系》写了总序。他的散文观多体现在这些序言中。

他认为中国是个散文大国，历史悠久。他梳理散文的发展脉络，分析散文冷热的深层原因，诸如文化的断裂、社会原因、文学原因等。他赞赏"学者散文"，主张写散文要接受民族传统，"不

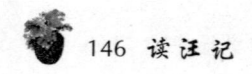

接受民族传统，简直就写不好一篇散文"。

　　对于散文的写作，他反对过度抒情，"散文的大忌是作态"，他主张散文写得随便些、家常些，但并不认为什么样的内容都可以写进散文，什么样的文章都可以叫做散文，"散文总得有点见识，有点感慨，有点情致，有点幽默感"。

　　他是不苟且的，他的标准是极高的。他在1993年曾写过《散文应是精品》一文。这是他的散文观，更是他的创作宣言。这也是他的散文经得住时间淘洗的真正原因吧。

（2020年1月14日完稿，原载《光明日报》
2020年3月6日第16版）

汪曾祺出书

汪曾祺对自己的文字是绝不造次的。他很在意。他说过作家要时时处处锻炼自己的语言,哪怕是一封信、一个便条,甚至一个检查也要写好。他不放过任何一个打磨语言的机会。他曾感叹:"鲁迅的书信、日记,都是好文章。"其实他的书信也很可观。

近读人民文学出版社的《汪曾祺全集·书信卷》,又发现一个有趣的现象:汪曾祺生前出版的二十余本自选集,多能从书信中读出些蛛丝马迹。因每出一书,他都会向亲朋好友预告,跟出版社的编辑交流,出版后还要送人,等等。出书前的各种准备,出书过程中的等待,书出后的欣悦或不满,甚或无奈、遗憾等诸多情绪,也每每在书信中有所体现。

著书立说,传诸后世,自古便为文人所重,视为命脉所系。汪曾祺也不例外。从书信中可以看出,他重视每本书的出版,认真而讲究。同人一样，书之命运也受时代等诸多因素影响，穷通有时，不可预测。

一、先出了两本小说集

《汪曾祺短篇小说选》出版于1982年2月。作为北京出版社"北京文学创作丛书"之一种，内收新中国成立前后所写小说十六篇。起初汪曾祺对此书的出版并不热衷，是在友人林斤澜、邓友梅、葛翠琳等一再催促、鼓励下完成的，然一旦列入出版计划，他还是对此书很在意。

早在1981年9月28日，他给同乡陆建华的信中说："以上诸篇都已收在北京出版社的《汪曾祺小说》里了。这选集大概十一月即可出书。零散搜寻，颇为费事，你不如等书出后一总看吧。"其时陆建华任职于高邮县委宣传部，正在做汪曾祺研究。

同年12月28日，他给江西师范大学在校生詹幼鹏回信，除了介绍自己和已发表的文章出处，还说："北京出版社明年年初将出版一本《汪曾祺短篇小说选》……如出版，当寄给你一本……你的信里把'沁人心脾'的'沁'字写成'泌'字了，附带告诉你。"詹的毕业论文拟写汪曾祺。其时，汪曾祺刚复出文坛，创作了《异秉》《受戒》《岁寒三友》《大淖记事》等一批以故乡高邮为背景的小说，声名日隆。对一个学生如此不敷衍，可见其认真和谦谨。

无独有偶。1982年3月27日，他给曲阜师范学院学生汪家明回信，介绍最初出版的三本书：《邂逅集》《羊舍的夜晚》及《汪曾祺短篇小说选》。信中说："81年5月以前的，都已收入北京出版社的《汪曾祺短篇小说选》。这个选集大概四月可以出版。出版时我大概不在北京（下月初我将去四川），如样书寄到，我当嘱家人寄一本给你。"实情是，写信时书已出版，只是当时他并未看到。汪家明的毕业论文拟写汪曾祺，写信向作家本人咨询。汪曾祺夸他"生气虎虎"，并预祝写出一篇"出色的、漂亮的、有才华的论文"。

从这几封信不难看出，汪曾祺对新时期的第一本小说选是充满期待的，也急于向人推介此书。

《晚饭花集》是汪曾祺新时期出版的第二本小说集。1983年9月16日，他致信汪丽纹（异母妹）、金家渝（妹婿）、汪海珊（异母弟）："《汪曾祺短篇小说选》以后，我又写了十八篇小说，够再编一个集子了。人民文学出版社定下了。今年十月下旬交稿，明年四月出书。书名《晚饭花集》。书出，当寄给你们。"《晚饭花集》实则共收入小说十九篇，最后一篇《金冬心》，作于1983年10月25日，写此信时尚未写出。

在此后的一年多时间里，汪曾祺多次跟人提及这本即出的《晚饭花集》。在1983年10月20日给宋志强的信、1984年3月4日致金家渝的信中都言及该书，在1984年6月13日致江达飞的信中说能早出最好，1985年1月12日致信陆建华亦言及《晚饭花集》尚未出版。同年1月26日，在给汪丽纹的信中说：出版社已付纸型，大概快了。"亲属中有什么人应该送的，你们给我开个单子，我好分头寄去。"

而在1985年5月2日致宋爱萍的信和6月5日致宋志强的信中又都提及，因了"一个荒唐的错误"，即在封面上把作者的名字印错了，封面需重印，又得延迟出版。《晚饭花集》版权页上的出版时间为 1985 年 3 月，看来重印的只是封面，其他并未动，只是书正式印出的时间往后拖了两三个月。

从这些信中亦可看出，汪曾祺对《晚饭花集》的出版怀着热望，盼着它快快面世。

这两本小说集的印数都相当可观，《汪曾祺短篇小说选》印了 21000 册，《晚饭花集》印了 47000 册。从信中亦可看出，这两本小说集的出版，汪曾祺是欣喜的、满意的，没出版之前就跟亲友广而告之，书出后更是送人多多。

1985 年 8 月 8 日致信金家渝说，《晚饭花集》已出书，"亲戚故旧中有哪些人需要送书的，请你给我开个名单（包括地址），我好分头寄送"。

同年 9 月 19 日致信陆建华："《晚饭花集》寄上一本，请随便翻翻！"

同年 9 月 27 日给朱德熙的信中说，《晚饭花集》拟送叔湘先生一本。

1986 年 1 月 15 日致信金家渝又说："前天总算把《晚饭花集》寄出了。按你开的名单，分三包寄的。"

1986 年 6 月 27 日致陆建华的信提及要送高邮市文联一本《晚饭花集》，并拟在扉页上题诗：风流千古说文游，烟柳隋堤一望收。坐上秦郎今在否？与卿同泛甓湖舟。

他 1987 年去美国参加国际写作计划三个月，带的就是这两本新出的小说集，书不够送人的，还写信嘱夫人施松卿，再续寄一些去。

二、这本创作谈有些难产

《晚翠文谈》是汪曾祺新时期出版的第三本书。这是一本创作谈。从书信中可以看出，与前两本小说集相较，这本书的出版有些惨淡。出版周期长，耗时近5年，费了不少周折，换了数家出版社，印数又极少。这在他的自选集中应算个异数。

据汪朗（汪曾祺哲嗣）回忆，编这本创作谈是林斤澜的建议："林斤澜要爸爸把所写的谈文学创作的文章汇编成集，找地方出版。爸爸出的作品集，都是有人要出版才编的，从来没有拿着稿子找过人，也不会。唯独这本《晚翠文谈》是例外。那是1986年，当时这种文论集不被人看好，出版很难。林斤澜连赔时间带搭面子，联系了好几处地方，最后还是由他老家的浙江出版社（浙江文艺出版社）把书出了。"

1983年8月11日，汪曾祺致信弘征说："前在长沙，出版社约我将谈创作的文章编为一集……创作谈需在十一月以后动手编。材料不凑手，可能要拖到明年了。"这应是书信中首次提及要编创作谈一书，但从中看不出究竟是哪家出版社约的书稿。弘征为汪曾祺刻过印，曾任湖南人民出版社编辑、湖南文艺出版社总编辑、《芙蓉》杂志主编。

1984年12月19日致信邓友梅："北京出版社要出我的创作谈的集子，我想把几篇评论也收进去。《漫评〈烟壶〉》在数。这期《文艺报》我搞丢了，你有没有？如有，望把这一篇撕下来给我。"正是在这封信中，首次提及是北京出版社对创作谈有了出版意向。

1984年12月24日，他致信朱德熙（语言学家、西南联大同学）："我近几月很少写东西，为《滇池》写了两篇'昆明忆旧'：《跑警报》与《昆明的果品》。过了年想把评论集起来，集名《常谈集》。"此信可看出，创作谈起初曾命名为《常谈集》。

1985年1月26日致信汪丽纹又提及："北京出版社要出我的评论集，大概明年才能出版。"

1985年3月3日，他致信给时任《光明日报》文艺部主任编辑的潘仁山说，应出版社之约编一本评论集，拟将评《棋王》的文章收进去，并言及评论集定于3月底交稿。

这封信距致弘征的信中首次提及创作谈一书，已过去一年半多。可以看出，这段时间，他一直在做着书稿的搜集整理工作，大约也是打算放在北京出版社出版的。

又过去一年半后，在1986年8月20日致金家渝的信中，情况又发生了改变："前两天编完了我的一本创作谈和评论的集子，名曰《晚翠文谈》，交给浙江文艺出版社了，大概明年上半年能出版。"此时，创作谈有了正式名字《晚翠文谈》，出版方也由北京出版社转至浙江文艺出版社了。

书稿到了浙江文艺出版社，大概也非一帆风顺。林斤澜曾写信给出版社编辑李庆西从中斡旋："汪曾祺说，你看了《晚翠文谈》稿后，给他去信说'大部分可用'。此事有些意外。汪老的文章你们都是推崇的，年近七十，今后的集子恐不多得。原先和温总一起，在我家说定不作删削。而后由我帮汪编出来，请你们多所考虑，最好照发，要挑也只能挑出来不关紧要的个别篇章。'大部分可用'不妥。"

1986年8月28日，他致信陆建华，同年10月3日又致信王欢、宋爱萍，都言及《晚翠文谈》一书的出版。

1987年2月20日，致信汪丽纹："今年我大概会出两本书。浙江文艺出版社出我一本《晚翠文谈》，广西漓江出版社出我一本《汪曾祺自选集》。估计得下半年才能见书。书出，即当寄给你们。但望不要事先张扬。这两本书我不想送很多人。"

看来，经过三四年的辗转及准备，这本创作谈的内文已选好、编定，出版社也已敲定，万事俱备、只欠东风了。

三、他对出版社甚表歉意

从1987年4月2日到1988年3月29日，汪曾祺共有九封信是写给徐正纶的。其时，徐为浙江文艺出版社副总编辑，负责《晚翠文谈》的复审及终审工作。这九封信时间跨度近一年，主要是与他商量《晚翠文谈》一书具体的编辑事宜，包括字句的修改、开本、版式、封面的设计，等等。

1987年4月2日的信中言及具体字句的修改、篇目的安排，并对开本形式提出建议："版式、装帧，由你们决定吧。如果能用大32开，最好，题目若能多占几行，则'宽松'些。封面我想你们不会搞得太洋。过于现代派，与文字内容不相合。如用底色，希望不要用墨绿的。我的两本小说集的封面都是墨绿的，出版社提出的理由是：这和作者的年龄相称。真怪。斤澜把文稿交给你们时，夹进我自己手写的书名，不一定用我手写的字，那几个字也写得不理想。"

同年5月8日，又有一信致徐正纶："昨日得斤澜转来信。所需照片及签名寄上。照片在《汪曾祺短篇小说选》上用过。但我手头别无其他黑白的照片，只好再用一次。签名用毛笔、钢笔各写了两式，请选用。"汪曾祺积极配合出版社，提供编辑设计所需相关材料，从中亦可看出，林斤澜在参与此书的出版，这与汪朗的回忆文章是相一致的。

汪曾祺后来在美国给夫人施松卿写信（1987年11月24日）说："反正在国外就是这样，交情是交情，钱是钱。像林斤澜那样和浙江洽商《晚翠文谈》，门也没有。"足见林斤澜在这本书的出版上是帮了大忙，且分文不取的。

同年5月20日又致信徐正纶，商量补上《小说技巧常谈》一文。6月4日、6月6日、6月9日又有三信，言及校样中字句的修改，并说已将初样挂号寄回出版社。7月10日的信言及他事，并问是否收到校样。7月19日的信："封面看过，我家里人都觉得不错……《文谈》年内能出书否？定价2.20元，稍贵，大概买主不会多，颇为出版社赔钱而发愁也。"可以看出，书的封面已经设计出来，定价也有了，编辑工作已进入尾声，汪曾祺颇能理解出版社的难处。

1988年3月29日，有致徐正纶的最后一信："我想买200本，好送人。请代办一下手续。所需书款，请于稿费中扣除。"信中还说："一看版权页，印数只有2700，我心里很不安，这本书无疑将使出版社赔钱。应该表示感谢的是我。我对浙江文艺出版社肯做这种赔本买卖，深致敬意。"看到那么少的印数，汪曾祺很无奈，对出版社也深怀歉意。

《晚翠文谈》封面设计所用正是汪曾祺的题字，风格淡雅隽永。

选文共42篇，分为创作谈、文学评论、戏曲杂论、民间文学论文四辑。在《自序》中，他陈述了取名"晚翠"的由来："我自二十岁起，开始弄文学，蹉跎断续，四十余年，而发表东西比较多，则在六十岁以后，也真够'费劲'的。呜呼，可谓晚矣。晚则晚矣，翠则未必。"对既往的岁月，幽默、自嘲、慨叹，都有了。

对于书的出版，汪曾祺的标准、眼光都是极高的。此书出版过程极长，他有足够时间来精选充实内容，即便如此，他仍不满意。书出后两个月，他给时任《山西文学》杂志主编的李国涛寄去一本，并于5月6日致信给他："这本书各篇分量、质量参差不齐，我准备过些年再攒一点，精选一次。"

两年半后，汪曾祺所购二百本《晚翠文谈》所剩无几。在1991年10月13日致信金家渝说："《晚翠文谈》我存的书已经很少，给捷子的一本儿有些磨损了，如此书再版，会给他寄一本新的。"

实情是，《晚翠文谈》从初版直至汪曾祺去世的1997年，9年中没有再版，他"准备过些年再攒一点，精选一次"的愿望生前并未实现。

四、初版《晚翠文谈》已卖到二三百元一本

《晚翠文谈》之后，汪曾祺又相继出版了《汪曾祺自选集》及散文集《蒲桥集》等书。《蒲桥集》卖得很冲，连印四次。之后散文创作进入高峰期，他又相继出版了数本散文随笔集：《旅食集》《汪曾祺小品》《汪曾祺散文随笔选集》《榆树村杂记》《草花集》《塔上随笔》《中国当代名人随笔·汪曾祺卷》等。

这些集子都是在1992、1993年间集中出版，再加上《汪曾祺文集》（四卷），说这两年是他出版的井喷之年也不为过。汪曾祺去世后，他生前编定的几本书也相继出版，如《去年属马》《旅食与文化》等。这些自选集加起来也有三十本之多了。

1998年，北京师范大学出版社推出了八卷本的《汪曾祺全集》。之后，各种选本零星出版。值得一提的是，2005年、2006年，山东画报出版社出版了那套自选集之外的选本，包括《文与画》《五味》《人间草木》《说戏》《谈师友》等，这套书由笔者选编，在读者中有较好的反响，被黄裳先生戏称为"方便且有趣的'零售本'"。之后十余年来，各种版本的汪曾祺作品集满天飞，煞是热闹，据不完全统计，已达二百种了。至2019年年初，人民文学出版社推出了十二卷本的《汪曾祺全集》，算是一个总结。如果以后再出版各种选本，想来当会是另一番情景。

虽然汪曾祺的创作非常好看，但作为唯一的创作谈选本，《晚翠文谈》的再版本并不多。

直至2002年7月，也即初版本出版十四年后，生活·读书·新知三联书店推出了《晚翠文谈新编》。也确是"新编"，选文49篇，内容与初版本有较大出入，按谈文学与写作、关于文学语言、关于戏曲、关于沈从文、作品评论、自述和自序六大类来编排，范用作《小引》："日子过得真快，转眼曾祺兄辞世已经五年，印这本书聊表怀念之情。"

又隔近十五年，2017年6月，河南文艺出版社推出了《汪曾祺集》（十种），内含《晚翠文谈》一种。虽"编后记"有言，此重编本"仍尽量贴近初版本的编选原则，略微作了调整"，实则做了大量增删。这一套十种大抵如此,名虽旧名,装的已然是新酒。

2018年12月,上海三联书店推出了梁由之主编的新版《汪曾祺自编文集》(十六种),《晚翠文谈》在其中,是据1988年初版本排印,算是恢复了初版本旧貌。

《晚翠文谈》是汪曾祺创作观、创作经验的集粹,更是先生的夫子之道,是解开其文学世界的秘钥。时至今日,学界对汪曾祺的解读、评介多不胜数,然立论多以此为基础。解读汪曾祺其人其文,这本书是不应错过的。

笔者因爱读汪曾祺,爱屋及乌,也有个小小的梦想,想拥有部分自选集的初版本。上孔夫子旧书网查阅,初版的《晚翠文谈》已卖到二三百元一本。当年印数极少,如今物以稀为贵了。这也颇具喜剧色彩,大概汪先生九泉之下也想不到吧。

(2020年1月10日完稿,原载《名人传记》2020年第6期)

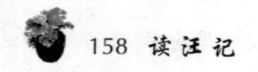

谢谢你，汪曾祺先生

一

"白云一片"是我的微信名。明眼人一看就知道，这非独创，而缘于汪曾祺先生。他老人家在《书画自娱》(1992年)的末尾写道："我的画，也只是白云一片而已。"对自己的画，这是怎样的定位？是褒是贬？是谦虚还是有些得意？这是怎样的一番情思？这让我有种说不出的阅读新奇感，留下很深印象，以至用它作了微信名（后来又衍生出"白云两片"以及五位女同胞群"白云五片"）。都说汪先生的文字飘逸，这应算一例吧。

他在《关于〈受戒〉》中回顾了创作这篇小说的历程，说及家乡庙多、和尚多。其中，有个石桥和尚谈吐不凡，书画兼擅，还有个小老婆，"长得像一穗兰花"。让我感到有趣的正是此话——

没说长得好看，兰花似的一个人，非牡丹，非桃花，到底啥样——全凭你的想象。看上去随手拈来的一句话，却让人咂摸老半天。

他是沈从文的弟子。沈先生去世半个月后，他写下令人动容的《星斗其文，赤子其人》。文章最后一段："沈先生家有一盆虎耳草，种在一个椭圆形的小小钧窑盆里。很多人不认识这种草。这就是《边城》里翠翠在梦里采摘的那种草，沈先生喜欢的草。"这个结尾看似平淡，却情味无限，余音绕梁。

"看似寻常最奇崛，成如容易却艰辛。"这话最适合用在汪曾祺身上。他把语言看得极重："作家应该随时锻炼自己的语言，写一封信、一个便条甚至是一个检查，也要力求语言准确合度。"他将打磨语言比作"揉面"，"面揉到了，才软熟，筋道，有劲儿"。他的语言正是如此，是筋道的，有弹性的，有嚼头的，值得玩味的。

汪曾祺的创作谈非常好看，我愿意和他的小说、散文比照着读，感觉那都是在为他自己的作品作注，也是对读者的引导。他说："写小说就是要把一件平平淡淡的事说得很有情致。""情致"这个词儿不好随便用的，如果一个人或一篇文章配得上这两个字，那应是极高的评价。汪先生的文章可以说篇篇都"有情致"。

他说希望散文写得平淡一点，自然一点，"家常"一点，可我感觉这都不是目的，或者说这些都是外在形式，他的最终指向是"有情致"。"家常"想来不难，白开水似的，人人都会，但要有味道、有情致，却不是那么容易做到的。有人说他的语言"拆开来看，每一句都很平淡，放在一起，就有点味道"。关键就在这点"味道"，这不是随便"码"出来的。

他说小说结构的原则是"随便"二字。林斤澜不同意，说"我讲了一辈子结构，你却说：随便！"汪曾祺后来纠正说法，改为"苦心经营的随便"。

同理，他的语言，也不是"随便"的。看上去平淡自然，却也是苦心经营的结果。那是他的法宝、秘诀，要读懂的。

二

2019新年甫过，人民文学出版社推出了十二卷本的《汪曾祺全集》。这套书八年磨一剑，在求速度的当下，实属难得。学者杨早评价全集的出版是"还人间一条活鱼"："一位作家不想被零切碎割，最好的方式莫过于出一套靠谱的全集。连他自己、家属亲友都没法动刀子的全须全尾，才能借此呈现。""活鱼"说法其实源自汪曾祺本人，他在1991年12月写的《捡石子儿》中说过："我不大赞成用'系年'的方法研究一个作者。我活了一辈子，我是一条整鱼（还是活的），不要把我切成头、尾、中段。何况，我是不值得'研究'的。'研究'这个词儿很可怕。"

无知者无畏。在十五年前，我做了一件与此相悖的事情。其时我在山东画报出版社做编辑。不知哪里来的本事，我买了套北京师范大学出版社出版的《汪曾祺全集》，以此为底本，选编了几本书：《文与画》《五味》《人间草木》《说戏》《谈师友》。汪先生的书，除了自选集、文集、全集之外，这大概是第一次这么处理。当时出版社的图书定位是图文并茂、高品位的通俗读物。而汪先生的这几本书，私底下以为正合乎此。

在汪曾祺看来，散文不外乎民俗、游记、草木虫鱼、饮食几大类，他爱看这几类杂书,也爱写这些方面的文章。这样的分类当不太违背他的本意了吧——《旅食集》可看作是先例,似也曾出过台湾版的《五味》(我曾听汪朝老师说过此书,并未亲见)。

当然还有更重要的一条,私下认为,这样的文字适合当下阅读。现代人生活得那么匆忙,忙得找不着北,找不到心灵的寄托。而汪曾祺的文字却可以让人安静下来,想想怎样活着这样的话题。这样的书在当下会有读者群的。事实证明果真如此,书卖得不错,印了数次。

然后第一个表扬就来了。那天我突然接到一个陌生电话,他自称"苏北",说"那套书编得太好了!"其时我刚离开出版社,调到同城的一所高校,听到这个消息,很开心,也很遗憾。必须说明的是,《文与画》《五味》两本书,我是选编者,也是责任编辑,这两本是先推出的,其余三本,选编者是我,责编是曾经的同事刘晓。后来我知道苏北老师怀揣《五味》,去了昆明,按图索骥,寻找当年汪先生的美食旧梦。他还特意买了一套,寄给上海的黄裳先生。因此机缘,引出了黄裳先生对这几本书的评价:"山东画报把曾祺细切零卖了,好在曾祺厚实,可以分排骨、后腿……零卖,而且'作料'加得不错,如《人间草木》。应该称赞是做了一件好事,我有曾祺的全集,但少翻动,不如这些'零售'本,方便且有趣。"

我是在苏北老师的《忆·读汪曾祺》一书中看到这番评价的。说真的,这让我有些小得意。我把它解读为对我作为一名图书编辑的肯定。八年的编辑生涯,轻飘飘,也沉甸甸,随风而逝。我为此努力过、拼过。这套书,山东画报出版社 2017 年又推出新版,作为特约编辑，我参与了部分修订工作，又新选编了那本《我在西南联大的日子》。

不过这样的选本确乎不"正宗"，一如杨早所言："十年之后，这套书的影响出来了，每每在网上看到'汪曾祺在《人间草木》里写道'这种表达，有点文字洁癖的我总是忍不住皱眉头。"可是有什么办法呢，木已成舟，好在就是汪先生的话，不是别人说的。如果有机会见到杨早老师，应向他当面致歉。

还得到过南京陆建华老师的表扬。陆老师是汪曾祺研究会会长，被誉为"汪曾祺研究第一人"，他是《汪曾祺文集》（江苏版四卷五册）的推动者、主编，《汪曾祺传》《私信中的汪曾祺》《汪曾祺与〈沙家浜〉》等书的作者。在一次通话中，陆老师说这套书有创意，对宣传汪曾祺功不可没……

《汪曾祺诗词选评》一书作者金实秋老师在《点击作家中的"汪迷"》一文中说："几乎所有'汪迷'手头都有她编的书，可以说，她既是'汪迷'，也是扩大'汪迷'阵容、拓展汪曾祺作品影响的一位有功之臣……这套系列，很受读者的欢迎和汪迷的喜爱，有的印了几版，印数达到了数万之多，可谓功德无量矣。"文中的"她"指的是我。这样一番"悄悄地"表扬，我是四五年后才读到的。其时已跟金老师有了联系，那篇文章收在他赠我的《补说汪曾祺》一书中。

出版人、作家陈武老师把对这套书的喜欢写在《读汪小札》的后记中……

无心插柳柳成荫。这几本书，这样"零切"的形式，为汪迷所喜爱、所乐道，这也成为我走进汪迷大家庭的通行证。

汪先生被那么多人所热爱，因而在他去世十周年时，我策划选编了一本纪念集《你好，汪曾祺》。这本书能恰逢其时地在极短时间内编印出来，也颇具机缘，得到诸多人的帮助，《编后记》中都有交代并致谢，这里就不再赘述。苏北老师多次提及是他帮我编了此书，在此特别表示感谢。他那个突然而至的"意外来电"，是最大的契机，如果没有这个电话，是不会有这本书的。苏北老师是我认识的第一个汪迷。

就这样，我一步步走近了汪先生的世界。

一晃十多年过去了。

三

汪曾祺不老。

汪先生离开这个世界二十余年了。从其复出的八十年代初算起至今也有四十年了。可围绕他的热度不减。不仅他的书被反复出版，他还有一大批"拥趸"——汪迷。汪迷遍布全国各地、各行各业，涵盖不同年龄段，有学院派、民间派，有父子兵、亲兄弟，也有夫妻档。他的家乡高邮推出了"汪迷部落"微信公众号，关注人数达一万多人。这真是极有趣的文化现象，以后有机会，可作为一个课题来"研究"一下。

一个作家能够不被时间的浪花淘尽，没被他的时代甩出去，必有缘由。他的那些文章虽多写于 20 世纪八九十年代，可现在看来，一点都"不隔"，好像是专为当下所写。在《蒲桥集》的再版后记中他曾说："喧嚣扰攘的生活使大家的心情变得很浮躁，很疲劳，活得很累，他们需要休息，'民亦劳止，汔可小休'，需要安慰，需要一点清凉，一点宁静，或者像我以前说过的那样，需要'滋润'。"这些话如今看来仍有针对性和现场感！对匆忙急躁的现代人来说，汪先生的文字正好比一服清凉剂，可以使人得到带有文化气息的、健康的休息。

  融奇崛于平淡、纳外来于传统的创作理想，深厚的学养，对语言的极致追求，对美和诗性的坚持，让他的文字兼备古典和现代双重特质，具有了超越时代的审美品格。

  汪先生喜欢宋人诗句"顿觉眼前生意满，须知世上苦人多"，他闻嗅到的是"一种辛劳、笃实、轻苦、微甜的生活气息"。对生活，他不是轻飘飘的，也不是沉重压抑的，他是悲悯的、"含泪的微笑"，他对人世有着深深的同情、理解和善意。"人世多苦辛"是汪先生的作品底色，这也是我对生活的体会，大概这也是我爱读汪文的原因之一。

  汪先生的文字，我百读不厌，常读常新，恨不能把它"吃"进去。它常让我叹为观止，并不断修正着我的审美判断力、鉴赏力。若说我对文学已形成一些固定的认识，这多半归因于汪先生。他自称"中国式的抒情的人道主义者"，但又认为抒情好比是菜里的味精，不能多放。这一点都不矛盾。这个度的拿捏最见功力，虽不能至，心向往之。

  这样的文字是世间的"唯一"，有缘遇见，此生有幸。

  谢谢你，汪曾祺先生！

长留小温在人间
——写在汪曾祺百年诞辰之际

一、他的文字就像新鲜的空气

汪曾祺先生的文字被很多人喜欢着。甚至有人说,"喝茶只喝冻顶乌,读书只读汪曾祺"。我虽不这样想,但细思这些年来所读过的书,汪曾祺当列首位。有的文章虽已读过数遍,却感觉常读常新,总有收获。能读进去,能悟出其中的好,有时还能感觉到丝丝的心意相通。

在我看来,他的文字就像新鲜的空气,就像时令水果,对身心都有滋养。记得有人说过,读汪曾祺治好了抑郁症。我是相信的。汪先生的文字有这个"疗效"。

上大学时,我是读过《受戒》《大淖记事》的,但因基础较弱,同那个时候所读过的其他书一样，多数囫囵吞枣，食而不知其味。直至进入新世纪，那时已工作数年，结婚生子，初尝人间滋味。偶然接触汪先生的文字，顿觉温暖熨帖，抚慰人心。再后来因缘际会，拥有北京师范大学出版社 1998 年版的《汪曾祺全集》（八卷本），选编了几本书，如《文与画》《五味》《人间草木》《说戏》等，自此算是走进了汪曾祺的文学世界。

一晃十几年过去了。

对汪先生的文字，我是当成"人生修养书"和"美学书"来读的，并在这两个方面都获益良多。

汪曾祺出生于富庶的地主家庭，年幼即读诗书，习书读画，深受传统文化的熏染。后就读西南联大，受西方现代思想影响，中西合璧，胸襟渐开，养成名士气质。大学毕业以后，辗转上海、北京等地，做过教师、编辑，扎根民间文艺的深厚土壤。后来到张家口劳动，近距离接触中国农民。重回北京后，又做了二十余年的编剧。那个时代，这些阅历，本身就是一本厚重的大书。

他说过"随遇而安"，他也说过"生活，是很好玩的"，"活着，就得有点兴致"。谁的生活能够总是波浪不兴、一帆风顺？怎样看待这些沟沟坎坎，怎样面对自己，怎样安抚那颗受挫的心，我想，读汪曾祺和不读汪曾祺，是大不一样的。

他博览杂书，古今中外，兴之所至，又博雅旁通，兼擅书画，旁及戏曲。他给友人杨香保写信，劝其有计划地读点书，不妨从《诗经》读起，"你现在五十三岁，定下心来做点学问，还不晚"。这是怎样健朗的心态！直到去世前住在医院里，还对陪护在身边的女儿说，要喝碧绿透亮的茶、读书，并叫女儿回家去取，就在女儿回家时,悄然离世。真真是活到老,读到老,写到老。我感佩于他的读书博杂,以及体现在文学创作中的深厚的文化韵味,曾梳理写下《汪曾祺的书单》一文,以期与学生们分享,励人励己。这样的境界、学养,虽不能至,心向往之。

我对花花草草的喜爱,想来也归功于汪曾祺先生。无论走到哪里,他都愿为当地的草木书上一笔,南山塔松、菏泽牡丹、泰山绣球、漳州三角梅、云南茶花,篇篇摇曳生姿。他写过多篇谈草木虫鱼的文章,诸如《淡淡秋光》《北京的秋花》《人间草木》《草木春秋》《果蔬秋浓》等,只题目就引人入胜,让人难忘。我曾有感写下两篇小文《汪曾祺的草木情怀》《汪曾祺教我识草木》。对我而言,有多少花草是汪先生给正名的?波斯菊、晚饭花、凤仙花、紫薇花,都是。还有菊花,原只道是菊花,哪晓得竟有那么多品种,十丈珠簾、金背大红、狮子头、晓色、懒梳妆……这都是拜先生之所赐。因此之故,每年秋天,我都要跑到趵突泉公园看菊花,为的是看仔细,看分明。

有心情看花草、听虫鸣,有心情看日月、听风雨,有心情关注草木一样的自然人生,想必也会有心情做别的。

一个人,他用文字点亮你,他用那支笔时时提醒你,拥有爱,好好生活,有点情致,有点诗意,足矣!

二、他的美学标杆是极高的

在文学追求上,汪曾祺是绝对的唯美主义者。当然,这并非说他不重视思想和内容。他说过思想和语言同等重要,也一直说,文学要"有益于世道人心",要给"人间送小温"。我想说的是,他的美学标杆是极高的。

对待文学,汪曾祺极其认真,毫不苟且。他说要随时打磨语言,哪怕是写张便条、写封信,都不可草率为之。他曾写过一则短文《写信即是练笔》,文中说:"'遇笔研,便当起矜庄想'。这要养成习惯。古人的许多散文的名篇,原来也都是信。鲁迅书信都写得很有风致,具有很大的可读性。曾见叶圣老写给别人的信,工整干净,每一字句都是经过斟酌的。"这是他对文学青年的期许,又何尝不是他对自己的要求。

他写过多篇文章,谈及语言问题。他将语言的训练、极致的理想,比成"揉面","面揉到了,才软熟,筋道,有劲儿"。怎样揉,他又指出门径,多读书,向古人学习;多留心,向生活学习;走向大众,向民间艺术取经。他讲语言的流动性、语言的文化意味,讲"文气"的一脉贯穿、前呼后应,这既是他创作实践的总结提粹,又是对青年写作者的悉心引导,是一堂堂生动的无与伦比的美学鉴赏课。其用心实良苦也。

汪曾祺的创作谈非常好看,涉及语言、结构、风格、文体、细节、风俗描写、文学功能、美学效果等诸多问题。这一方面是夫子自道之言,是通往其文学世界的秘密暗道,一方面于我而言,也是将其当成美学入门书来看的。他正是以自己的作品为例,引导读者来发现美、欣赏美、表现美。

20世纪80年代初,汪曾祺复出文坛,他将小说创作视为正途、命脉,并说,"写小说就是要把一件平平淡淡的事说得很有情致"。有情致,谈何容易?可他做到了。《异秉》《受戒》《岁寒三友》《大淖记事》《鉴赏家》《金冬心》,篇篇有情致,散发出迷人的魅力。

　　小说和散文,是汪曾祺文学园地中两株根深叶茂的大树,各结奇花异果。起初,散文对他而言,还是"搂草打兔子,捎带脚",至90年代初,散文创作渐成主业。散文集《蒲桥集》"卖得很冲",连续加印四次。一年内写下十四五万字,两三年之内出版四五本散文集,散文创作呈井喷之势。但他保持足够清醒:"我的散文会源源不断地写出来,我要跟自己说,不要写得太滥。要写得不滥,没有别的法子,只有多想想事,多接触接触人,多读一点书。"他写成《散文应是精品》一文,文中说,"即使是写游记,写习俗,乃至写草木虫鱼,也都是此中有人,呼之欲出"。这既是反思总结,更是对自己的高标准、严要求!

　　谈及结构,他说"随便"。林斤澜不同意:"我讲了一辈子结构,你却说:随便!"他又改成"苦心经营的随便"。实则,这更符合他的创作实际。

　　他说写文章不能滥抒情,不能像老头子写情书,让人难堪。他的情感很节制,语言看上去平淡自然,其实也不是"随便"的,恰是苦心经营的结果。

　　"看似寻常最奇崛,成如容易却艰辛。"这话也适合用在汪曾祺身上,那是他的法宝、秘诀。我想,我读懂了。

　　因为懂了,所以喜欢。

三、抒情的人道主义是他作品的内核

汪曾祺是一棵长青树。

若从80年代文坛复出算,至今已四十年;若从文坛崭露头角算,八十年岁月倏忽过。他的作品一点没有过时感。

至今他仍拥有大批"拥趸",汪迷遍及天下。他的书,因为有市场,被反复出版。实则,汪曾祺生前自己选定的作品集,不过三十本左右,这其中也不乏重复。其夫人施松卿曾戏言:一二三四五是一本,五四三二一是一本。但去世后二十余年间,他的书由"小温"到"火热",都出到二百多本了。人虽走,茶尚热。2019年初,人民文学出版社经过八年打磨,推出了十二卷本《汪曾祺全集》。2020年适逢先生百年诞辰,据说已有好多书正在酝酿策划中,不日或将出炉。

在他的故乡高邮也有一大帮追随者,创立于2016年的"汪迷部落"微信公众号,每日推送汪文和汪迷的"读汪记",关注人数达万余人。这不能不说是文坛有趣的现象。

一个作家的作品能够不被时间的浪花淘尽,没有被时代甩出去,必有缘由。汪曾祺的大多数文章写于20世纪八九十年代,可现在看来,一点都"不隔",好像是专为当下所写。在《蒲桥集》再版后记中他曾说:"喧嚣扰攘的生活使大家的心情变得很浮躁,很疲劳,活得很累,他们需要休息,'民亦劳止,汔可小休',需要安慰,需要一点清凉,一点宁静,或者像我以前说过的那样,需要'滋润'。"这些话如今看来仍是那么对症!对匆忙急躁的现代人来说,他的文字正好比一副解药,可以使人得到带有文化气息的、健康的休息。

融奇崛于平淡、纳外来于传统的创作理想，深厚的学养，对语言的极致追求，对美和诗性的坚持，让他的文字兼备古典性和现代性双重特质，具有了超越时代的审美品格。

曾见过山东作家邱勋先生一段描述汪曾祺的话，活灵活现："我个人与汪先生没有交往。曾听咱省作家张炜先生说过，他们几个青年作家曾问过汪先生，《受戒》《大淖记事》的主题思想是什么？汪幽默地说，是五讲四美三热爱。并且拍着自己的肚子说，这边放着《受戒》，内容是五讲四美；这边放着《大淖记事》，内容是三热爱。"

虽是戏言，却不无道理。汪曾祺的文字是怀了温爱的，是对生活的善意打量。他常言及老师沈从文的一句话，"千万不要冷嘲"，说这是对于生活的态度，也是写作的态度，并坦陈，"沈先生的这句话对我的影响很深"。

抒情的人道主义是汪曾祺作品的精神内核。他喜欢宋人诗句"顿觉眼前生意满，须知世上苦人多"，他从年幼时闻嗅的到就是"一种辛劳、笃实、轻苦、微甜的生活气息"。对生活，他不是轻飘飘的，也不是沉重压抑的，他是悲悯的、"含泪的微笑"，有时是无奈的苦笑。像《异秉》《岁寒三友》《职业》《黄油烙饼》《陈小手》《露水》诸篇，不正是如此么——他对人世有着深深的同情、理解和善意。在《〈受戒〉重印后记》中他曾说："重谈一些我的作品，发现：我是很悲哀的。我觉得，悲哀是美的。当然，在我的作品里可以发现对生活的欣喜。弘一法师临终前的偈语'悲欣交集'，我觉得，我对这样的心境，是可以领悟的。""人世多苦辛"，应理解为汪先生的写作基调吧。这也是我对生活的体会，大概这也是我爱读汪文的原因之一。

　　他的作品，有时又洋溢着一股内在的欢乐。他也说过，"一个作家，有责任给予人们一份快乐，尤其是今天"。我的理解，这并非简单的孩子似的快乐，而是以"苦辛"作为底色的，是懂得之后的内在欢歌和珍惜。"世界吻我以痛，我却报之以歌"，这是动人的、引人向上的。

（原载《中国教育报》2020年3月6日第04版）

后　记

　　这些小文章的写作前后达十余年，几与读汪文同步。大约分为前后两个时期。

　　第一时期为2004年前后。大概是在《中华读书报》上，我读到一条信息，言及汪曾祺先生的遗憾，想出本书画集，生前却并未实现。其时我在山东画报出版社做编辑，这条信息让我心中一动，想若将汪先生的文字配上书画，出一本书应该不错吧？正符合当时社里的图书定位——图文并茂、高品位的通俗读物。遂辗转联系上汪先生的女儿汪朝老师，将这一想法跟她交流，得到认同许可，并说好图文皆由我来选。

　　之前虽零星读过一些汪先生的文字，但并不系统，便又买回来一套北京师范大学出版社1998年出版的八卷本《汪曾祺全集》。那时这套书市面上已不见售卖，还是因了汪老师的介绍，直接通过出版社买到的。就这样现学现卖，选编了两本书《文与画》和《五味》。

《文与画》所选基本是谈书画的文字，再配上汪先生的书画作品。那时，汪朝老师送了我一本《汪曾祺书画集》，书画都是从这本画集上选的。私念，这样的一本书，基本上可以体现出汪先生在书画方面的造诣。当时也很用心，在书的封底写下一段宣传语："有人说汪曾祺身兼二美：美文家、美食家；他自己也说，写字、画画、做饭是"业余爱好"。他写字，画画，也写过不少谈书画的文章，这都是本书所选。其文之冲淡隽永自不必言，而书画之飘逸也尽可从书中细细体悟。本书还兼选部分谈家事的文章，从中可以看出汪曾祺之为汪曾祺，也是有其家学渊源的。"

《五味》选的是谈吃类散文三十二篇。书中插图除了少数几幅是汪先生的书画作品，多数是我从各种书上找的。为配图，曾翻过《中国美术全集》（大概是这个书名）、《三百六十行图集》，还去过省图书馆查阅王磐的《野菜谱》，并复制了一些资料回来。当时怀着一份对工作的认真和热爱，只有一念，想把书做好。后来书印出来，颇受读者欢迎，连印了数次。可我却由于种种原因，离开了出版社，调到同在省城的一所高校。这两本书也为我的图书编辑生涯画上了句号。编辑工作硬生生一刀两断，遗憾只有自己知道。

汪先生的书原本打算再做几本的，把想法跟原来的同事刘晓说。于是由她来做责编，我又选了三本：《人间草木》《说戏》《谈师友》。（2016 年，山东画报出版社再出新版，又邀我做编辑，对初版做了些修订，并新选编了一本《我在西南联大的日子》。）因选编的需要，算是通读了汪先生的文字（戏剧基本没读）。出于图书宣传的考虑，在这些书出版前后，都写有"编读记"，一来是对书的推介，二来也是我的读汪印象记。

在汪先生去世十周年之际（2007年），又选编了纪念文集《你好，汪曾祺》。编这本书也是因缘际会，得到过诸多人的帮助，都曾写在《编后记》中，在此不再赘言。

这些编读记、编后记就成了早期的"读汪记"。如今再来反观，感觉那么幼稚、单薄，但不揣浅陋，将其收进书中，算是一段生活的记录，从中或可见出一个人的成长。

需要说明的是，后来我把《说戏·编后记》的文字稍事整理，写成《汪曾祺的编剧生涯》一文，刊发在2007年第2期的《新文学史料》上。两文多有重复，曾想舍弃一篇，但考虑到出一本书，也有真实地记录过去的意义，便都保留下来。在此敬请读者鉴谅。

到了高校以后，工作性质、生活节奏都发生了很大的变化，忙着应付眼前的一切，读汪成为余事。虽是余事，却读得入心入肺。私下以为，阅读汪曾祺真的是需要一点年龄代价的，年轻时白纸一张，是读不进去多少的，至少我是这样。随着生活的大幕徐徐展开，劳劳碌碌的人生有时确实需要一些底气、一些韧劲，来支撑起对生活和未来的信心。对此，每个人都有独特的选择——或许有人不需要这个支撑，而我需要。我就抓住了汪曾祺。有时想，汪先生的文字就是我滚在生活的洪流中拼命抓住的那根救命稻草吧。

2016年前后是第二时期。那时汪先生已去世近二十年，可他的那杯茶尚热，书被不同出版社反复出版。我再次较为集中地通读了汪文。又因身在高校，有诸多体会，便写下《汪曾祺在西南联大》一文，也算借古喻今，内中寄寓着一己的些许教育情怀。

该文投至《中国教育报》，幸被编辑王珺老师看中，并分三次刊发出来。这让我受到鼓励。又接着写下《汪曾祺的几方闲章》一文，投至《光明日报·雅趣版》，也被编辑郭超老师选中，并完整刊发在头条位置上。这无疑增加了自信，遂断断续续写了下来。再后来，我又投稿一篇七千余字长文至《光明日报》，过一段时间，编辑王长江老师回复：稿件可用，但要等待些时日。2019年2月25日，《光明日报·学人版》整版刊登了拙作《文中有画意》，这着实让人开心。投至杂志《名作欣赏》的稿件，也是这般顺利，编辑杜碧媛老师很认可，说我写的东西符合他们刊物的定位。

值得庆幸，这些稿件，所遇皆是绿灯。对一个还算认真读书、写字的人来说，这当然是莫大的鼓舞！

我对这几位素不相识的编辑老师心怀感激。可以想一下，如果这几篇小文没有被公开发表，可能也没有写下去的动力了。一个人，有时需要些来自外界的肯定。

非常感谢汪朝老师，无论编书，还是后来的写作，如果遇到问题向她咨询、寻求帮助，她都给予热情的支持。

也因为编书、读汪，走进了汪迷圈，认识了不少这一领域的专家学者，像陆建华、陈其昌、金实秋、王干、张秋红、苏北、徐强、李建新、赵德清、陆忠场、居永贵诸位先生，都是。一方面我读他们的书或文章，从中获益，同时他们也都给过我各种各样的帮助和鼓励。在此一并致以谢意。

东北师范大学文学院教授、人民文学出版社《汪曾祺全集》散文及杂著卷主编徐强所著《人间送小温——汪曾祺年谱》一书，是我的"汪曾祺词典"，时时翻阅，受益良多。平时跟徐老师也多有联系，遇到问题，随时请教，都会收到徐老师及时的答疑释惑。这次，徐老师又于百忙之中为本书作序，多有溢美，实不敢受，且当成鞭策与鼓励吧。在此也遥致谢忱。

感谢百岁的汪曾祺先生，毫无疑问，他的文字滋养了我，影响了我。这些年来边读边记，遂有了这些文字，是为"读汪记"。

段春娟
2020 年 3 月 14 日